城市轨道交通"英"系列技能教材

城市轨道交通案例分析

CHENGSHI GUIDAO JIAOTONG ANLI FENXI

主编 姚振康 史培新 陈 蕾
参编 查红星 刘建国 王全华 王生成
　　　朱丽娟 谭绍玉 朱永成 袁丽远
　　　倪乐凡

苏州大学出版社
Soochow University Press

图书在版编目(CIP)数据

城市轨道交通案例分析/姚振康,史培新,陈蕾主编.--苏州:苏州大学出版社,2023.4
城市轨道交通"英"系列技能教材
ISBN 978-7-5672-4349-1

Ⅰ.①城… Ⅱ.①姚… ②史… ③陈… Ⅲ.①城市铁路-轨道交通-交通事故-案例 Ⅳ.①U239.5

中国国家版本馆 CIP 数据核字(2023)第 057593 号

书　　名	城市轨道交通案例分析
主　　编	姚振康　史培新　陈　蕾
责任编辑	杨　冉
装帧设计	刘　俊
出版发行	苏州大学出版社(Soochow University Press)
社　　址	苏州市十梓街1号　邮编:215006
印　　装	苏州市深广印刷有限公司
网　　址	http://www.sudapress.com
邮购热线	0512-67480030
销售热线	0512-67481020
开　　本	787 mm×1 092 mm　1/16　印张:15.25　字数:274 千
版　　次	2023 年 4 月第 1 版
印　　次	2023 年 4 月第 1 次印刷
书　　号	ISBN 978-7-5672-4349-1
定　　价	48.00 元

若发现印装错误,请与本社联系调换。
服务热线:0512-67481020
苏州大学出版社邮箱　sdcbs@suda.edu.cn

城市轨道交通"英"系列技能教材编委会

主　　任	金　铭			
副 主 任	史培新			
编　　委	陆文学	王占生	钱曙杰	楼　颖
	蔡　荣	朱　宁	范巍巍	庄群虎
	王社江	江晓峰	潘　杰	戈小恒
	陈　升	虞　伟	刘农光	蒋　丽
	李　勇	张叶锋	王　永	王庆亮
	查红星	胡幼刚	韩建明	冯燕华
	鲍　丰	孙田柱	凌　扬	周　礼
	毛自立	矫甘宁	凌松涛	周　赟
	姚海玲	谭琼亮	汪一鸣	姚林泉
	金菊华	王志强	俄文娟	崔建荣

序

习近平总书记指出:"城市轨道交通是现代大城市交通的发展方向。发展轨道交通是解决大城市病的有效途径,也是建设绿色城市、智能城市的有效途径。"习近平总书记的重要讲话指明了城市轨道交通的发展方向,是发展城市轨道交通的根本遵循。

当前,城市轨道交通正在迈入智能化的新时代。对此,要求人才培养工作重视高素质人才、专业化人才的培养和广大员工信息化知识的普及教育。如何切实保障城市轨道交通安全运行?如何提升城市轨道交通的服务质量和客户满意度?如何助推交通强国建设?这是摆在我们面前的重要任务。

苏州是我国首个开通轨道交通的地级市,多年来,苏州市轨道交通集团有限公司坚持以习近平新时代中国特色社会主义思想为指导,牢记"为苏州加速,让城市精彩"的使命,深入践行"建城市就是建地铁"的发展理念,坚持深化改革和推动高质量发展两手抓,在长三角一体化发展、四网融合、区域协调发展等"国之大者"中认真谋划布局苏州轨道交通事业,助推"区域融合",建立沪苏锡便捷式、多通道轨道联系。截至2023年,6条线路开通运营,运营里程突破250千米;在建8条线路如期进行,建设总里程达210千米。"十四五"时期是苏州轨道交通发展的关键期,面对长三角一体化发展、面对人民群众的期盼,苏州轨道交通事业面临各种挑战和机遇,对人才队伍的专业技能和整体素质也提出了更高要求。

苏州轨道交通处于建设高峰期,对人才的需求更加迫切。苏州市轨道交通集团有限公司一直高度重视人才培养和高素质人才队伍建设,特别推出了城市轨道交通"慧"系列管理教材和"英"系列技能教材。

"慧"系列管理教材包括管理基础、管理能力、管理方法、创新能力、企业文化等方面的内容,涵盖了从管理基础的学习到创新能力的培养,从企业文化的塑造到管理方法的运用,为城市轨道交通行业的管理人员全面、系统地学习管理知识和提升管理能力提供了途径。

"英"系列技能教材包括行车值班员、行车调度员、电客车司机、安全实践案例分析、消防安全等方面的内容,为城市轨道交通行业的从业人员技能培训和安全意识提升提供了途径,为城市轨道交通行业的安全和服务质量提供了重要的保障。

这两个系列教材,顺应轨道交通事业发展要求,契合轨道交通专业人才特点,聚焦管理基础和技能提升,融合管理资源和业务资源,兼具苏州城市和轨道专业特色,具有很好的实践指导性,对于促进企业管理水平提升、培养高素质管理人才和高水平技能人才将会起到实实在在的推动作用。

这两个系列教材可供轨道交通相关企业培训使用,也可作为院校相关专业教学用书。

这两个系列教材凝聚了编写组人员的心血,是苏州轨道交通优秀实践经验的凝练和总结。希望能够物尽其用,充分发挥好基础性、支撑性作用,促进城市轨道交通技能人才培养,推动"轨道上的苏州"建设,助力"强富美高"新苏州现代化建设,谱写更加美好的新篇章。

中国城市轨道交通协会常务副会长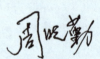

城市轨道交通是城市公共交通的重要组成部分,具有快捷、舒适、安全、环保等特点。随着我国城市化进程的快速发展,我国城市轨道交通也迎来了建设高峰期。交通运输部数据显示,截至 2022 年 8 月,31 个省(自治区、直辖市)和新疆生产建设兵团已有 51 个城市开通运营城市轨道交通线路 278 条,运营里程已达 9 098 km。

城市轨道交通系统涵盖土木工程、车辆、供电、通信信号、环境监控、运营组织多个专业领域,无论是建设期还是运营期,均存在诸多安全隐患。同时,城市轨道交通建设投资大、公益性强,一旦发生事故,产生的社会影响很大。近年来,各地城市轨道交通事故时有报道。收集整理各类事故(事件)案例,分析其致因,对城市轨道交通事故防控、应急响应等安全管理工作有重要的参考意义,对城市轨道交通从业者有深刻的警示作用。

本教材为城市轨道交通"英"系列技能教材之一,主要介绍 2011 年至 2021 年国内城市轨道交通事故(事件)案例。全书共分为 5 章,第 1 章介绍了事故(事件)的分类、等级划分标准、事故(事件)发生前的风险管控与预警、事故(事件)发生时的报告与响应及事故(事件)发生后的调查与处理,可为后面章节的事故(事件)案例提供必要的理论知识储备。第 2 章至第 5 章根据事故(事件)案例发生的阶段和影响程度,分为建设期事故、运营期事故、建设期事件、运营期事件。每类事故(事件)均归纳了常见致因和预防措施,每个案例都梳理了具体经过和原因分析，力求还原真相、剖析本质、总结经验、吸取教训、惩前毖后。

本教材由苏州市轨道交通集团有限公司和苏州大学轨道交通学院共同组织编写，在教材编写过程中，编者查阅和参考了国家相关部门的文件和标准、城市轨道交通参建单位及运营单位生产安全管理文件和标准，以及与城市轨道交通安全相关的文献资料，并在参考文献及书中注明了相关资料的出处。事故案例原始资料来源于事故发生地安全生产监督管理部门公布的事故调查报告及权威网络媒体的公开报道，事件案例来源于苏州市轨道交通集团有限公司提供的资料，在此向提供原始资料的各位作者表示感谢。本书的编写和出版得到了苏州市轨道交通集团有限公司、苏州大学轨道交通学院、苏州大学出版社等单位的支持，在此一并表示感谢。

由于编者水平有限，书中疏漏、错误之处在所难免，敬请读者批评指正！

编　者

第 1 章	绪　论 ………………………………………………………… 1
	1.1　城市轨道交通事故认知 ……………………………… 1
	1.2　城市轨道交通事件认知 ……………………………… 5
	1.3　事故（事件）的风险管控与预警 …………………… 12
	1.4　事故（事件）的报告与应急响应 …………………… 20
	1.5　事故（事件）的调查与处理 ………………………… 26

事故篇

第 2 章	建设期事故 ……………………………………………… 33
	2.1　坍塌 …………………………………………………… 33
	2.2　涌水涌沙 ……………………………………………… 51
	2.3　机械伤害 ……………………………………………… 59
	2.4　车辆伤害 ……………………………………………… 67
	2.5　触电 …………………………………………………… 79
	2.6　高处坠落 ……………………………………………… 86
	2.7　物体打击 ……………………………………………… 93
	2.8　有限空间内中毒、窒息 …………………………… 103

第 3 章	运营期事故 ……………………………………………… 107
	3.1　雨水倒灌 ……………………………………………… 107
	3.2　异物侵限 ……………………………………………… 113

事件篇

第 4 章	建设期事件 ……………………………………………… 121
	4.1　管线破坏 ……………………………………………… 121

4.2　高处坠落 ·· 128
　　4.3　涌水涌沙 ·· 130
　　4.4　其他施工类事件 ·· 134

第 5 章　**运营期事件** ·· 137
　　5.1　行车类事件 ·· 137
　　5.2　异物侵限 ·· 155
　　5.3　接触网故障 ·· 163
　　5.4　信号系统故障 ·· 169
　　5.5　人员违章进入轨行区类事件 ································ 175
　　5.6　其他运营类事件 ·· 179

附录一　城市轨道交通建设工程质量安全事故应急预案管理办法
　　　　 ··· 186

附录二　国家城市轨道交通运营突发事件应急预案 ············· 191

附录三　城市轨道交通运营管理规定 ···························· 202

附录四　城市轨道交通运营险性事件信息报告与分析管理办法
　　　　 ··· 213

附录五　城市轨道交通运营安全风险分级管控和隐患排查治理
　　　　 管理办法 ··· 216

附录六　城市轨道交通行车组织管理办法 ······················ 222

参考文献 ··· 231

第 1 章 绪 论

【学习目的与要求】

通过本章的学习，应当能够了解并掌握：

1. 城市轨道交通事故（事件）的基本概念、分类和等级划分；

2. 城市轨道交通风险管控和预警的基本知识，事故（事件）的报告流程和调查处理原则；

3. 城市轨道交通安全管理的重要性和特殊性，学习轨道交通事故（事件）基本知识的必要性。

1.1 城市轨道交通事故认知

1.1.1 事故的基本概念

"事故"一词在各行各业乃至生活中都十分常见。事故的定义有很多，《辞海》中事故是指"意外的变故或灾祸"；伯克霍夫（Berckhoff）将事故定义为：人（个人或集体）在为实现某种意图而进行的活动过程中，突然发生的，违反人的意志的，迫使活动暂时或永久停止，或者迫使之前存续的状态发生暂时或永久性改变的事件。事故往往造成人员伤害、财产损失或环境污染等后果。工程建设、企业生产、交通运输等生产领域都会发生安全事故。不同领域事故发生的成因不同，呈现的后果也不同。

城市轨道交通事故是指城市轨道交通建设及运营过程中，因违反国家法律法规、企业规章制度或劳动纪律、技术设备不良及环境影响等，造成人员伤亡、设备损坏及其他经济损失等后果，影响正常生产且符合事故构成条件的各类事件。

▶1.1.2 事故的分类

1. 按照事故发生行业、专业分类

事故可以按照发生的行业进行分类，如交通运输事故、建筑工程事故、工业事故、矿业事故、农林业事故、渔业事故、商贸服务业事故、医药卫生事故、食品安全事故、电力安全事故、信息安全事故、核安全事故等。

2005年，国家安全生产监督管理总局制定的全国安全生产事故控制指标体系中将事故按行业分为9类，并据此进行安全生产事故统计。具体分为：工矿商贸生产安全事故（包括煤矿事故、金属与非金属矿事故、建筑施工事故、危险化学品事故、烟花爆竹事故、特种设备事故等）；火灾事故；道路交通事故；水上交通事故；铁路交通事故；渔业船舶事故；农业机械事故；民航飞行事故；其他事故。

事故还可以按照专业进一步分类，例如，铁路行业按照各专业部门将事故分为铁路车务安全事故、铁路机务安全事故、铁路工务安全事故、铁路电务安全事故、铁路客运安全事故、铁路货运安全事故等；电力行业可按照专业将事故分为输电专业事故、继电保护专业事故、变电检修专业事故、调度自动化专业事故、变电运行专业事故、配网专业事故等。除上述行业之外，城市轨道交通事故也可据此参考分类。

2. 按照事故原因分类

事故原因一般分为人的因素、物的因素、环境因素和管理因素。

（1）人的因素

人的不安全行为会导致事故的发生。城市轨道交通建设阶段导致事故的人的因素主要为施工作业人员的违规操作；运营阶段导致事故的人的因素包含乘客和工作人员两方面。乘客的不安全行为主要表现为不遵守安全乘车规则，工作人员的不安全行为则表现为玩忽职守或对突发状况的处置不当。人的因素是轨道交通事故的主要原因。

（2）物的因素

物的不安全状态是引发事故的另一个主要因素。物的不安全状态包括设备故障、设备存在质量缺陷、设施设备磨损老化等。城市轨道交通是一个复杂而庞大的系统工程，涵盖土木工程、车辆、供电、通信信号、环境控制、运营组织等多个专业，涉及的设备设施数量大、种类多，给城市轨道交通的建设和运营带来诸多潜在的安全隐患。

（3）环境因素

环境是一切活动的客观条件，极端环境容易造成正常生产活动的失控，最终导致事故的发生。环境因素包括风、雨、雷、雾、温度、湿度、光照，以及工程地质、水文地质、地形条件等。城市轨道交通建设阶段导致事故发生的环境因素多为地质条件，而运营阶段往往是由于风、雨、雷、雾等极端气候或光照条件的变化对行车组织的影响。

（4）管理因素

管理因素本质上也属于人的因素。实际生产中，每次事故的发生或多或少都存在管理疏漏的问题。管理过程中各种失职或失误都可能导致事故的发生或已发生事故的后果扩大。对事故进行致因分析时经常将管理因素单独列出，并据此提出更具有针对性的整改措施。与物、环境等客观因素相比，通过加强管理来减小事故发生的概率、降低事故的危害是最具有可操作性的风险防控措施之一。

城市轨道交通事故中的管理因素包括设计管理、施工管理、运营管理等。设计单位在勘察设计时，对复杂地质条件认识不全面，造成线路设计方案存在重大安全隐患，属于设计管理的因素。施工单位不遵守相关规定，安排不具备专业资质的施工队伍进行施工作业导致事故的发生，属于施工管理的因素。运营阶段未安排各个岗位的安全培训或培训流于形式，导致事故发生时现场未能采取有效的应急措施，使事故影响程度进一步扩大，属于运营管理的因素。

3. 城市轨道交通事故常用分类方法

根据城市轨道交通的行业特点、建设期和运营期的专业特点，考虑人、物、环境、管理等各种因素，结合国内外城市轨道交通多发事故案例实际情况，城市轨道交通安全事故可分为土建施工类事故、设备设施类事故、行车类事故、客运类事故、自然灾害类事故及其他人为事故。具体可划分为建设期和运营期两个阶段，建设期常见的事故有坍塌、涌水涌沙、机械伤害等，运营期常见的事故有车辆伤害、触电、雨水倒灌、隧道击穿、高处坠落、物体打击等。

▶1.1.3 事故的等级划分

1. 生产安全事故的等级划分

国务院令第493号《生产安全事故报告和调查处理条例》（以下简称《条例》）根据造成的人员伤亡数量或直接经济损失，将生产安全事故分为4个等级：

① 特别重大事故，是指造成30人以上死亡，或者100人以上重伤（包括急性工业中毒，下同），或者1亿元以上直接经济损失的事故。

② 重大事故，是指造成10人以上30人以下死亡，或者50人以上100人以下重伤，或者5 000万元以上1亿元以下直接经济损失的事故。

③ 较大事故，是指造成3人以上10人以下死亡，或者10人以上50人以下重伤，或者1 000万元以上5 000万元以下直接经济损失的事故。

④ 一般事故，指造成3人以下死亡，或者10人以下重伤，或者1 000万元以下直接经济损失的事故。

《条例》中"以上"包括本数，"以下"不包括本数。

针对不同行业或领域事故的实际情况，《条例》中规定国务院安全生产监督管理部门可以会同国务院有关部门，制定事故等级划分的补充性规定。

2. 城市轨道交通安全事故的等级划分

城市轨道交通建设阶段的安全事故等级标准按住房和城乡建设部（以下简称"住建部"）发布的《房屋市政工程生产安全事故报告和查处工作规程》（建质

〔2013〕4号）规定，分为特别重大事故、重大事故、较大事故和一般事故四个等级，具体划分标准基本上同《条例》一致，仅在一般事故的认定时进一步明确了事故直接经济损失的下限："一般事故，是指造成3人以下死亡，或者10人以下重伤，或者100万元以上1 000万元以下直接经济损失的事故。"

1.2 城市轨道交通事件认知

▶1.2.1 事件的基本概念

在《职业健康安全管理体系 要求及使用指南》（GB/T 45001—2020）中"事件"的定义是指由工作引起的或在工作过程中发生的可能或已经导致伤害和健康损害的情况。其中，发生伤害和健康损害的事件有时被称为"事故"，未发生但有可能发生伤害和健康损害的事件也可称为"未遂事件"、"未遂事故"或"事故隐患"等。

该定义与人们对"事件"的认知是一致的。一方面，实际生活中"事故""事件"因词义相近，经常混用，理论界对此也尚有争议；另一方面，人们认为事件造成的危害没有事故严重，有"事故隐患"之意。

1. 突发事件

除了"事故"之外，在生产安全领域经常出现的另一个词是"突发事件"。2007年我国颁布的《中华人民共和国突发事件应对法》中对"突发事件"的定义是"突然发生，造成或者可能造成严重社会危害，需要采取应急处置措施予以应对的自然灾害、事故灾难、公共卫生事件和社会安全事件"。定义中"突发事件"包含了"事故灾难"。

2015年国务院办公厅发布的《国家城市轨道交通运营突发事件应急预案》（国办函〔2015〕32号）（以下简称《预案》），按照人员伤亡数量、直接经济损失和中断行车的时间，对城市轨道交通运营突发事件进行了等级划分。该分级标准在等级、伤亡数量和直接经济损失划分依据上与《条例》基本一致，根据行业特点补充了一般运营突发事件的直接经济损失下限，以及行车连续中断时间的分级标准。具体如下：

① 特别重大运营突发事件：造成 30 人以上死亡，或者 100 人以上重伤，或者直接经济损失 1 亿元以上的。

② 重大运营突发事件：造成 10 人以上 30 人以下死亡，或者 50 人以上 100 人以下重伤，或者直接经济损失 5 000 万元以上 1 亿元以下，或者连续中断行车 24 小时以上的。

③ 较大运营突发事件：造成 3 人以上 10 人以下死亡，或者 10 人以上 50 人以下重伤，或者直接经济损失 1 000 万元以上 5 000 万元以下，或者连续中断行车 6 小时以上 24 小时以下的。

④ 一般运营突发事件：造成 3 人以下死亡，或者 10 人以下重伤，或者直接经济损失 50 万元以上 1 000 万元以下，或者连续中断行车 2 小时以上 6 小时以下的。

《预案》中"以上"含本数，"以下"不含本数。

2. 工业生产安全事件

在工业生产安全管理领域，"事件"被定义为生产经营活动中发生的严重程度未达到所规定事故等级的人身伤害、设备损失或经济损失等情况，一般指在生产场所内从事生产经营活动过程中发生的造成企业员工和企业外人员轻伤以下或直接经济损失小于 1 000 元的情况。

在以上定义的基础上，苏州、郑州、西安、长春、长沙等城市轨道交通运营公司在制定企业安全管理标准时将运营安全划分为运营事故和运营事件两大类。其中运营事故的认定标准同《条例》及本节上述《预案》。而运营事件则被定义为在运营分公司管辖范围内造成人员受伤、设备损坏、经济损失等影响正常运营生产但尚未构成事故的各类事件。基于城市轨道交通的行业特点，与工业生产安全事件定义中的经济损失小于 1 000 元的认定标准相比，城市轨道交通行业提高了事件经济损失的上限。

▶ 1.2.2　事件的分类

工业生产安全事件分为限工事件、医疗处置事件、急救箱事件、经济损失事件和未遂事件 5 级，具体如下：

① 限工事件，是指人员受伤后下一工作日仍能工作，但不能在整个班次完成所在岗位全部工作，或临时转岗后可在整个班次完成所转岗位全部工作的情况。

② 医疗处置事件，是指人员受伤需要专业医护人员进行治疗，且不影响下一班次工作的情况。

③ 急救箱事件，是指人员受伤仅需一般性处理，不需要专业医护人员进行治疗，且不影响下一班次工作的情况。

④ 经济损失事件，是指未造成人员伤害，但导致直接经济损失小于 1 000 元的情况。

⑤ 未遂事件，是指已经发生但没有造成人员伤害或直接经济损失的情况。

在城市轨道交通安全管理领域，苏州、郑州、西安、长春、长沙等城市轨道交通运营公司按照安全生产事故（事件）损失及对生产造成的影响和危害程度，由重到轻对事故（事件）进行了分类分级，具体如表 1.2.1 所示。

表 1.2.1 不同城市轨道交通运营事故（事件）分类情况

城市轨道交通所在城市	企业安全管理标准名称	事故（事件）分类分级情况
苏州	运营事故（事件）调查处理规则	事故：特别重大事故、重大事故、较大事故、一般事故
		事件：险性事件、一般事件、事件苗头
郑州	运营事故（事件）调查处理规则	事故：特别重大事故、重大事故、较大事故、一般事故
		事件：险性事件、一般事件
西安	运营事故（事件）处理规则	事故：特别重大事故、重大事故、较大事故、一般事故
		事件：险性事件（A 类、B 类、C 类）、一般事件、事件苗头
长春	运营事故调查处理规定	事故：特别重大事故、重大事故、大事故、一般事故、小事故、事故苗头
		事件：运营事件（A 类、B 类、C 类）
长沙	运营公司生产安全事故（事件）调查处理规则	事故：特别重大事故、重大事故、大事故、一般事故
		事件：险性事件、一般事件、事件苗头

▶1.2.3 事件的等级划分

苏州轨道交通运营分公司编制的《运营事故（事件）的调查处理规则》（Q/SZGY G 11.05.011—2012）中将运营事故分为特别重大事故、重大事故、较大事故和一般事故 4 个等级，分级指标包括伤亡人员数量、直接经济损失和线路中断时间，与《条例》和《预案》相比，部分指标数值略有修订。运营事件分为险性事件、一般事件和事件苗头 3 个等级，事件等级的分级指标除伤亡人员数量、直接经济损失和线路中断时间等量化指标外，还包含了运营生产中各种具体的行为后果。

事件的等级划分标准如下：

1. 险性事件构成条件

在运营生产中，发生下列情况或造成下列后果之一的为险性事件：
① 重伤 1 人以上 3 人以下的。
② 30 万元以上 100 万元以下直接经济损失的。
③ 线路全部中断 1 小时以上的。
④ 车站服务或线路局部中断 3 小时以上的。
⑤ 列车正线冲突。
⑥ 列车正线分离。
⑦ 列车正线脱轨。
⑧ 正线挤岔。
⑨ 正线列车冒进信号。
⑩ 向占用线错接入列车。
⑪ 向占用区间或区段错发出列车。
⑫ 未准备好进路接入、发出列车。
⑬ 未拿或错拿行车凭证发出列车。
⑭ 擅自改变列车运行方向行车。
⑮ 在实行电话闭塞行车法等人工组织行车时，未办或错办行车手续发出列车。
⑯ 正线列车、工程车、车辆溜逸或者机车车辆溜入正线车站或区间。

⑰ 客运列车车门故障无法关闭，且无安全措施行车。

⑱ 客运列车错开车门、运行途中开门、车未停稳开门。

⑲ 客运列车夹人开车或将人关在车门与屏蔽门之间开车。

⑳ 运营期间，正线及其辅助线断轨。

㉑ 漏发、错发、漏传、错传调度命令导致列车超速运行。

㉒ 设备、设施侵限，车辆装载货物侵限或货物装载不良开车。

㉓ 接触网错送电、漏停电。

㉔ 无调度命令施工，超范围施工，超范围维修作业。

㉕ 电气化区段未停电攀爬车顶。

㉖ 无特种设备操作证的人员，操作特种设备造成人员伤害。

㉗ 其他严重影响生产安全、造成不良影响但尚未构成一般事故的行为。

2. 一般事件构成条件

在运营生产中，造成下列后果之一的为一般事件：

① 轻伤 5 人以上的。

② 10 万元以上 30 万元以下直接经济损失的。

③ 线路全部中断 30 分钟以上的。

④ 车站服务或线路局部中断 30 分钟以上 3 小时以下的。

⑤ 行车大间隔 30 分钟以上的。

⑥ 列车晚点 30 分钟以上 1 小时以下的。

⑦ 车场内调车冲突。

⑧ 车场内调车脱轨。

⑨ 车场内调车挤岔。

⑩ 车场内调车冒进信号。

⑪ 无驾驶资格操纵列车。

⑫ 机车车辆溜逸，但未进入正线车站或区间。

⑬ 列车运行中碰撞轻型车辆、小车、施工机械、机具、防护栅栏等设备设施或路料、坍体、落石。

⑭ 施工作业的列车运行中装载的材料（或装置）坠落。

⑮ 车场内机车、车辆溜动或误动与其他车辆或设备发生碰撞。

⑯ 车场线路由轨顶到轨底贯通断裂。

⑰ 列车带电进入停电区。

⑱ 错挂、漏挂、错撤、忘撤接地封线。

⑲ 变电所保护拒动。

⑳ 供电系统错送电、漏停电。

㉑ 接触网断线或断杆。

㉒ 主变电所全所供电中断 120 分钟以上的。

㉓ 运营期间，单个车站照明全部熄灭 60 分钟以上的。

㉔ 运营期间，某条线路通信主干网中断通信 60 分钟以上。

㉕ 运营期间，行车指挥通信有线或无线系统中断通信 60 分钟以上。

㉖ 运营期间，单一车站全部自动售票机中断售票 120 分钟以上或全线 60 分钟以上。

㉗ 其他性质严重但尚未构成险性事件的行为。

3. 事件苗头构成条件

凡在运营生产中，因违反规章制度、违反劳动纪律或其他原因造成设备损坏、影响正常行车或危及行车安全，造成下列后果之一的为事件苗头，或者虽未造成损失，但违章行为性质严重，经安全管理部门认定为事件苗头的安全事件。

① 轻伤 5 人以下的。

② 1 万元以上 10 万元以下直接经济损失的。

③ 行车大间隔 20 分钟以上 30 分钟以下的。

④ 列车晚点 15 分钟以上 30 分钟以下的。

⑤ 应停客运列车未停站通过。

⑥ 电客车进入无网区。

⑦ 列车运行中擅自切除车载安全防护装置。

⑧ 未经允许列车搭载乘客进入非运营线路。

⑨ 运营期间，设备、设施、备品脱落或掉下站台、隧道，造成停车。

⑩ 未办理请点手续，进入正线或辅助线轨行区的（检修股道车辆中心自身作业除外）。

⑪ 系统数据记录未按规定存储或数据丢失，对事故（事件）分析造成影响的。

⑫ 错发、错传、漏发、漏传调度命令，耽误列车运行。

⑬ 因行车有关人员违反劳动纪律漏乘或出乘迟延，耽误列车运行。

⑭ 未撤除防溜措施动车。

⑮ 空调季节，单个车站环控系统故障停机连续时间 24 小时以上的。

⑯ 空调季节，单个车站冷冻机房故障停机连续时间 24 小时以上的。

⑰ 错办、误办工作票。

⑱ 未验电即挂地线。

⑲ 人为原因，造成自动消防设施误动作、在紧急情况下不动作或在操作过程中出现明显失误的。

⑳ 自动消防设施在紧急情况下失效，不能正常启动的。

㉑ 自动消防设施因检修或故障不具备相关监控功能的情况下，未及时通知相关岗位（或人员）采取相应措施的。

㉒ 行车指挥的无线通信系统或有线通信系统中断 20 分钟以上。

㉓ 正线给水主管、消防主管爆裂。

㉔ 运营期间，单个车站正常照明全部熄灭 60 分钟以上。

㉕ 运营期间，单个车站照明全部熄灭 30 分钟以上。

㉖ 运营期间，全线中断自动售票 30 分钟以上或单个车站中断自动售票 60 分钟以上。

㉗ 运营期间，单个车站进闸机或出闸机全部故障 30 分钟以上。

㉘ 运营时间内由于隧道区间、车站积水漫过轨道。

㉙ 无特种作业操作证操作相关设备，或无证违章操作安全相关命令。

㉚ 车辆、设备、办公用房、机房等发生起火冒烟险情。

㉛ 轨行区内应撤除的设施、设备、物料、标志未及时撤除，影响行车的。

㉜ 因错发操作命令或人员误操作，造成断路器跳闸或接触网误停电，影响运营服务的。

㉝ 其他性质严重但尚未构成一般事件的行为。

当一起事故（事件）同时符合两类以上事故（事件）的定性条件时，按最重的性质定性。

《运营事故（事件）的调查处理规则》中"以上"含本数，"以下"不含本数。

1.3 事故（事件）的风险管控与预警

事故（事件）的发生具有偶然性，何时何地何人会发生什么样的事故（事件）无法准确预测，这使得事故（事件）的预防非常困难。但事故（事件）的偶然性中又存在着某种必然性。由于事故隐患的存在并不断积累，形成了生产过程中的不安全状态，一旦这种不安全状态达到不可控时就可能导致事故（事件）的发生。因此需要对事故（事件）进行风险管控，并做到及时预警、迅速响应，控制事故的发展，最大限度减少事故（事件）造成的人员、财产和环境损失。

▶1.3.1 事故（事件）的风险管控

风险分级管控是对城市轨道交通建设和运营过程中存在的安全生产风险点进行辨识、评估，确定风险等级，采取相应管控措施，实施风险动态管理的活动。

1. 建设期事故（事件）的风险管控

城市轨道交通建设期安全风险管控贯穿规划、可行性研究、勘察设计、招投标、施工直至竣工验收的建设全过程。风险因素包括：

（1）工程自身风险

工程施工工法、结构自身特点、地质条件等因素可能导致工程结构安全性受到影响或发生工程风险事件。

（2）周边环境影响风险

工程周边环境设施导致施工安全风险增大，或工程施工导致周边环境设施的正常使用功能或结构安全受到影响或损害。

（3）自然环境风险

自然环境包括地震、台风、泥石流等，自然环境风险即自然环境对工程建设可能导致的不利影响。

城市轨道交通建设风险管理应根据工程建设阶段、规模、重要程度及建设风险管理目标等制定风险等级标准。

城市轨道交通工程的主要参建单位包括建设、勘察、设计、施工、监理。各参建单位应根据建设管理模式、风险等级及预警等级，实行分层、分级管理，建立健全安全风险管控责任制，落实管理人员、措施，确保机制运行有效。

建设单位应作为安全风险分级管控的牵头单位，组织制定安全风险管理制度及标准，通过合同文件明确其他参建单位的安全风险管控内容、目标、责任等，并依此进行履约管理。

城市轨道交通建设安全风险管控的主要工作涉及风险管控体系建设、静态风险评估、危大工程管理、动态风险管理、隐患排查治理、关键节点管理、应急管理等。

按国家标准《城市轨道交通地下工程建设风险管理规范》（GB 50652—2011）等要求，对于城市轨道交通施工阶段各相关单位的风险管控职责分列如下：

1. 建设单位

建设单位负责组织和监督现场施工安全风险管理实施，安全风险管理主要内容及职责应包括：

① 组织工程建设各方建立安全风险管理培训制度。

② 全过程参与现场安全风险管理，检查建设各方安全风险管理实施状况。

③ 定期组织工程建设各方开展安全风险管理工作的沟通和交流，并对安全风险状况进行记录。

④ 组织工程建设各方对安全风险处置措施进行审定，其中重大安全风险的控制方案须经施工单位组织专家评审后方可实施。

⑤ 配合政府主管部门对现场施工安全风险管理活动进行同步监督管理。

⑥ 监督安全风险管理实施和安全风险事故处理。

2. 勘察单位

勘察单位安全风险管理主要内容及职责应包括：

① 编制岩土工程勘察（初步、详细）的勘察大纲和方案，针对勘察施工及环境调查过程中的作业风险，制定有效的预防措施。

② 勘察报告中应详细分析不良地质风险对工程的影响并提出对策。

③ 因现场场地条件或现有技术手段制约，存在无法探明的工程地质或水文地质情况时，会同设计单位和施工单位分析设计和施工中潜在的风险；书面通知建设单位，并在勘察文件中说明情况，提出合理建议。

④ 工程勘察及环境调查中，严格落实方案中的预防措施，防范发生地下管线破坏、停电、爆炸和火灾等风险。

3. 设计单位

设计单位负责进行设计方案交底，协调施工安全风险动态跟踪，安全风险管理主要内容及职责应包括：

① 对工程重大安全风险进行设计交底。

② 对周边重要环境影响区域进行安全风险影响分级，共同参与编制周边环境保护措施。

③ 制定工程重大安全风险预警控制指标，明确现场监控量测要求。

④ 参与制定施工注意事项及事故应急技术处置方案。

⑤ 配合施工进度进行重大安全风险沟通与交流。

⑥ 参与建设单位安全风险管理，检查施工现场风险控制措施的落实情况。

⑦ 指导审查施工单位安全风险管理方案、处置措施与应急预案。

⑧ 协调实施现场施工安全风险跟踪管理。

此外，设计单位还应根据现场实际施工条件变化，合理调整设计方案，办理设计变更。

4. 施工单位

施工单位负责施工现场安全风险管理的执行和落实，安全风险管理主要内容及职责应包括：

① 结合施工组织设计拟定风险管理计划，建立工程施工风险实施细则。

② 对Ⅲ级及以上风险，根据设计单位技术要求等，确定工程施工预警监控指标及标准。

③ 对Ⅱ级及以上建设风险编制事故应急处置预案。

④ 现场区域作业人员必须严格执行登记制度，对作业层技术人员进行施工风险交底，制订工程建设风险管理培训计划。

⑤ 负责完成工程施工风险动态评估，分析并梳理Ⅱ级及以上风险，提交施工重大工程建设风险动态评估报告。

⑥ 结合工程施工进度及时上报工程施工信息，向工程建设各方通告现场施

工风险状况。

⑦ 工程设计、施工方案如有重大变更，应根据变更情况对工程建设风险进行重新分析与评估。

⑧ 因建设风险处置措施的实施而发生的费用增加或工期延长，应经过建设单位批准后方可实施。

⑨ 对与工程施工有关的事故、意外或缺陷等进行风险记录。

⑩ 必须做到施工安全措施费用专款专用。

5. 监理单位

监理单位负责协查施工现场安全风险管理执行与督查，安全风险管理主要内容及职责应包括：

① 将建设风险管理纳入日常监理工作。

② 确保现场监理人员及时到位。

③ 协助建设单位审查施工单位的施工方案，评估施工单位风险管理实施情况。

④ 协助建设单位对工程质量、安全和进度进行风险检查。

⑤ 评估监理工作内容不全或失察风险。

⑥ 对于施工重大风险，应在施工前检查施工单位风险预防措施，并应进行旁站监理，做好监理现场记录。

⑦ 对施工单位存在的风险或违反风险管理规定的行为，监理单位有责任向施工单位提出警告，不听劝阻或情节严重的，监理单位有权利予以停工处置，并及时上报建设单位。

⑧ 对施工现场监测和第三方监测进行监理。

6. 第三方监测单位

第三方监测单位应负责现场监测工作和风险预警，安全风险管理主要内容及职责应包括：

① 制订合理的监测方案，并对监测方案进行安全风险评估。

② 评估监测点布置不当、监测点或监测设备损坏风险。

③ 对监测数据的准确性和可靠性进行安全风险分析。

④ 应将风险管理纳入日常监测数据分析，及时提交施工风险预警、预报信息。

此外，在车辆及机电系统安装与调试阶段应评估车辆及机电设备系统安装与调试方案风险。当机电设备系统的技术规格、验收标准有重大变更时，应对安装与调试风险进行重新评估；应对车辆及机电系统中采用的新技术进行试验研究和风险评估，对复杂跨线工程进行专项风险分析；应编制系统安装与调试风险控制应急预案。车辆及机电设备系统在安装调试风险管理中的主要风险因素应包括：

① 设备系统的检验或测试不全面。

② 现场检验或调试问题。

③ 系统联调及并网运营故障。

④ 不同期建设线路或多条线路联合调试协调。

⑤ 城市轨道交通控制保护区外部作业。

在城市轨道交通试运行阶段，城市轨道交通建设试运行和竣工验收必须符合政府部门相关文件规定。试运行和竣工验收风险管控应进行系统试运行联合调试风险分析，应对轨道、供电、接触网、信号、通信、车辆、屏蔽门及调度指挥等各系统进行专项风险评估。试运行应针对暴雨天气的城市内涝进行监控，防止雨水倒灌现象发生，并应有雨水倒灌的处理措施及物资储备。试运行和竣工验收风险管理应评估城市轨道交通运营规章制度风险，审核应急预案与抢险演练制度。

2. 运营期事故（事件）风险管控

《城市轨道交通运营安全风险分级管控和隐患排查治理管理办法》（交运规〔2019〕7号）（以下简称《办法》）基于城市轨道交通技术特点和行业经验，将运营安全风险按照业务板块分为设施监测养护、设备运行维修、行车组织、客运组织、运行环境五大类：

① 设施监测养护类风险，包括桥梁、隧道、轨道、路基、车站、控制中心和车辆基地等方面的风险。

② 设备运行维修类风险，包括车辆、供电、通信、信号、机电等方面的风险。

③ 行车组织类风险，包括调度指挥、列车运行、行车作业、施工管理等方面的风险。

④ 客运组织类风险，包括车站作业、客流疏导、乘客行为等方面的风险。

⑤ 运行环境类风险，包括生产环境、自然环境、保护区环境、社会环境等方面的风险。

该《办法》要求城市轨道交通运营单位应根据所辖线路设施设备配置及运行环境、安全管理水平、相关经验借鉴等情况，对《办法》中所列风险点及可能产生的风险做进一步补充及细化。其中，设施监测养护和设备运行维修类风险应细化到各设施设备维护工作单元，行车组织、客运组织、运行环境类风险应细化到岗位或人员的关键操作步骤。运营单位应结合运营管理水平和运营险性事件等情况，逐项确定安全风险等级并制定风险管控措施，形成本单位运营安全风险数据库，内容至少包括业务板块、风险点（工作单元/操作步骤）、风险描述、风险等级、管控措施、责任部门及责任岗位、责任人等。

城市轨道交通运营安全的风险等级从高到低可划分为重大、较大、一般、较小四个等级，风险等级的认定由风险点发生风险事件的可能性和后果的严重程度组合决定。可能性指标、后果严重程度指标的确定及风险等级评估标准可参照《公路水路行业安全生产风险辨识评估管控基本规范（试行）》执行。

城市轨道交通新线投入初期运营和正式运营时，运营单位应同步组织开展风险全面辨识。初期运营期间，可视情况增加辨识频次。正式运营后，应每年开展一次风险全面辨识，持续发现未知安全风险，并及时更新风险数据库。风险数据库中的风险管控措施应符合设施设备运行维护、行车组织管理、客运组织管理、从业人员管理、保护区管理等有关规定，并及时纳入本单位相关管理制度、作业标准或应急预案。

遇到以下情况之一的，应对特定领域、特定环节、特定对象开展风险专项辨识：

① 运营环境发生较大变化。

② 运营单位部门分工进行较大调整。

③ 发生运营险性事件。

④ 新设备、新技术、新工艺投入使用。

⑤ 车辆、信号等关键系统更新，以及车站、线路等改造后投入使用。

⑥ 法律法规、规章制度发生较大变化。

⑦ 需开展风险专项辨识的其他情况。

城市轨道交通运营单位应按照"分级管控"原则建立健全风险管控工作机制。对于重大风险，应由运营单位负责人牵头组织制定管控措施；对于较大风险，应由专业部门负责人牵头组织制定管控措施；对于一般风险及较小风险，应由班组负责人组织制定管控措施。对重大风险应编制监控方案和专项应急措施，并对重大风险影响区域的相关人员组织开展安全防范、应急逃生避险和应急处置等的宣传、培训和演练；重大风险管控失效发生运营险性事件的，在进行应急处置和调查处理后，应及时对相关工作进行评估总结，对管控措施进行完善改进。具体做法：

① 针对人员、设施设备、作业环境、管理等不同因素，应加强日常对应性防范措施。

② 对于人员因素，应加强职业技能培训和安全教育培训，使人员素质与岗位要求相匹配。

③ 对于设施设备因素，应选择优质设备，必要时进行冗余设计；制定检修章程，定期维修保养，定期对老旧设备更新改造，保持设备的可靠性。

④ 对于作业环境因素，应在工作环境中增加警示警告标志，提高操作人员的警惕性，降低误操作概率；对重点设备的使用场所，加强温湿度控制、防粉尘、防腐等防护措施，保障设备具备良好运行环境；对环境进行监测监视，加强巡查。

⑤ 对于管理因素，应明确不同职能部门的职责，建立健全各级各类管理制度和责任制度。

⑥ 因人员、设施设备、作业环境、管理等因素变化，台风、洪涝、冰雪等气象灾害和地震、山体滑坡、地质塌陷等地质灾害，或其他因素引起安全风险上升、管控效果降低、安全问题凸显时，运营单位应及时将风险预警和管控要求通知到相关管理和作业人员。

▶1.3.2 事故（事件）的预警

城市轨道交通事故（事件）的风险管控依托于全方位的城市轨道交通监测体系。通过对线路、轨道、结构工程、车辆、供电、通信、信号、消防、特种设备、应急照明等设施设备和环境状态及客流情况等的监测，定期排查安全隐患，开展风险评估。

1. 建设期事故（事件）风险预警

城市轨道交通建设期各参建单位应按照各自合同规定范围内的监控内容、范围等进行安全风险监控，在监控过程中及时整理、分析监控信息和进行安全状态评估和预警，并结合预警级别进行相应的风险处置和信息上报。预警级别可按工程风险由小到大进行划分。

施工过程中施工单位、监理单位和第三方监测单位均应及时报送各自的监测、巡视、评估及预警信息。安全巡视应填报巡视风险提示表，应包括巡视内容、风险状况描述、原因分析、可能导致后果、预警等级建议和处置措施建议等内容。

当现场施工存在不安全风险因素（监测方面、巡视方面等）但尚未达到综合预警级别时，参建各方应引起重视，分析风险提示原因，必要时采取措施控制并消除现场风险。监测方面的风险提示指现场监测中出现的数据超出控制值或监测数据值偏离预期、数据变化规律不符合安全施工状态的情况。巡视方面的风险提示指现场施工中出现的不安全因素或风险预兆等情况。

当判断可能出现预警状态时，应根据工程对象存在较高风险的程度及危险征兆情况，参考同一工程对象的监测和巡视预警的等级、数量及分布范围等，进行预警等级的分析判定。施工单位、监理单位、第三方监测单位等相关参建单位在信息分析、报送的同时，应及时组织分析，加强监测、巡视，及时进行先期风险处置。不同的预警等级，应按工程安全风险管控要求规定进行相应级别的预警发布，并在相应级别要求规定的时间内进行响应和预警处理。

2. 运营期事故（事件）风险预警

《预案》中规定，当对城市轨道交通风险信息进行分析研判发现异常状态时，应及时向相关岗位专业人员发出预警；当出现突发大客流、自然灾害等可能影响城市轨道交通正常运营的情况时，要及时报请当地城市轨道交通运营主管部门，通过电视、广播、报纸、互联网、手机短信、楼宇或移动电子屏幕、当面告知等渠道向公众发布预警信息。预警信息发布后，及时公布咨询电话，加强相关舆情监测，主动回应社会公众关注的问题，及时澄清谣言传言，做好舆论引导工作。

对于城市轨道交通系统内设施设备及环境状态预警，要组织专业人员迅速对相关设施设备状态进行检查确认，排除故障，并做好故障排除前的各项防范工作。对于突发大客流预警，要及时调整运营组织方案，加强客流情况监测，在重点车站增派人员加强值守，做好客流疏导，视情况采取限流、封站等控制措施，必要时申请启动地面公共交通接驳疏运。城市轨道交通运营主管部门要及时协调组织运力疏导客流。

对于自然灾害预警，要加强对地面线路、设备间、车站出入口等重点区域的检查巡视，加强对重点设施设备的巡检紧固和对重点区段设施设备的值守监测，做好相关设施设备停用和相关线路列车限速、停运准备。

除了做好以上防范措施之外，还应同时做好应急准备，责令应急救援队伍和人员进入待命状态，动员后备人员做好参加应急救援和处置工作准备，并调集运营突发事件应急所需物资、装备和设备，做好应急保障工作。

当运营单位研判可能引发运营突发事件的危险已经消除时，应宣布解除预警，适时终止相关措施。

1.4 事故（事件）的报告与应急响应

▶1.4.1 事故（事件）的报告

1. 事故（事件）报告的程序

（1）城市轨道交通建设期事故（事件）的报告

城市轨道交通建设期事故（事件）的报告，初判险情达到事故认定标准的，应按《生产安全事故报告和调查处理条例》《房屋市政工程生产安全事故报告和查处工作规程（建质〔2013〕4号）》等有关规定进行报告。

事故发生地住房和城乡建设主管部门接到施工单位负责人或者事故现场有关人员的事故报告后，应当逐级上报事故情况。特别重大、重大、较大事故逐级上报至国务院住房和城乡建设主管部门，一般事故逐级上报至省级住房和城乡建设主管部门。必要时，住房和城乡建设主管部门可以越级上报事故情况。

国务院住房和城乡建设主管部门应当在特别重大、重大事故发生后4小时内，向国务院上报事故情况。省级住房和城乡建设主管部门应当在特别重大、重大事故或者可能演化为特别重大、重大的事故发生后3小时内，向国务院住房和城乡建设主管部门上报事故情况。较大事故、一般事故发生后，住房和城乡建设主管部门每级上报事故情况的时间不得超过2小时。

省级住房和城乡建设主管部门应当通过传真向国务院住房和城乡建设主管部门书面上报特别重大、重大、较大事故情况。特殊情形下确实不能按时书面上报的，可先电话报告，了解核实情况后及时书面上报。

事故报告后出现新情况，以及事故发生之日起30日内伤亡人数发生变化的，住房和城乡建设主管部门应当及时补报。

住房和城乡建设主管部门应当及时通报事故基本情况，以及事故工程项目的建设单位及项目负责人、施工单位及其法定代表人和项目经理、监理单位及其法定代表人和项目总监。

国务院住房和城乡建设主管部门对特别重大、重大、较大事故进行全国通报。

（2）城市轨道交通运营期事故（事件）的报告

城市轨道交通运营事故（事件）发生后，各相关单位人员应按程序要求立即进行报告。图1.4.1是长沙市轨道交通运营有限公司企业标准《运营公司生产安全事故（事件）调查处理规则（试行）》（GL／CGY-AJB-03-004）的事故（事件）报告程序流程图。

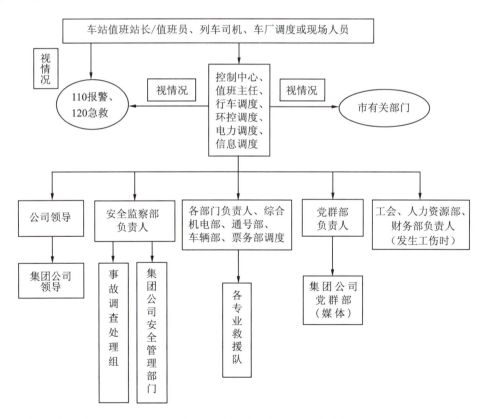

图1.4.1　长沙市轨道交通运营有限公司企业标准的事故（事件）报告程序流程图

发生各类事故（事件）时，有关人员按流程图规定报告：

① 如发生在车站时，由车站行车值班员或现场人员立即向行车调度员报告。

② 如发生在车辆段时，由事发地归属部门生产调度（车辆部为运用调度、物资部为值班人员）或现场人员立即向行车调度员报告。

③ 如发生在区间时，由司机或现场人员立即向行车调度员或通过车站行车值班员向行车调度员报告。

④ 供电系统发生影响运营的故障，由现场值班人员立即向电力调度员报告，电力调度员接到报告后立即报告值班主任，并向行车调度员通报。

按就近处理的原则，发生立即需要外部支援的运营事故（事件）（如火灾、爆炸、人员伤亡等）时的操作流程：

① 现场人员有条件时应立即拨打110、120。

② 控制中心当值人员接到报告后应立即拨打110、120。

③ 控制中心接报后视情况通知市有关部门。

④ 控制中心所通知的市有关部门是指市应急指挥中心、市交通局、市公安局、市急救中心等政府组织机构，由值班主任决定通知范围或执行运营公司领导指示。

各生产部门调度负责向部门相关人员进行通报，具体方法由各部门分别另行制订。

控制中心应根据接报情况，通告可能受到影响的单位和乘客，并向相关部门逐级报告后要进一步了解事故（事件）情况，及时补报。

初判险情达到事故认定标准的，根据《预案》，事发地城市轨道交通运营主管部门接到运营突发事故信息报告或者监测到相关信息后，应当立即进行核实，对运营突发事故的性质和类别做出初步认定，按照国家规定的时限、程序和要求向上级城市轨道交通运营主管部门和同级人民政府报告，并通报同级其他相关部门和单位。运营突发事故已经或者可能涉及相邻行政区域的，事发地城市轨道交通运营主管部门应当及时通报相邻区域城市轨道交通运营主管部门。事发地城市及以上地方各级人民政府、城市轨道交通运营主管部门应当按照有关规定逐级上报，必要时可越级上报。对初判为重大以上运营突发事故的，省级人民政府和交通运输部要立即向国务院报告。

2. 事故（事件）报告的内容

城市轨道交通建设期事故（事件）的报告应当包括下列内容：

① 事故（事件）的发生时间、地点和工程项目名称。

② 已经造成或者可能造成的伤亡人数（包括下落不明人数）。

③ 工程项目的建设单位及项目负责人、施工单位及其法定代表人和项目经理、监理单位及其法定代表人和项目总监。

④ 简要经过和初步原因。

⑤ 其他应当报告的情况。

事故（事件）报告后出现新情况的，应当及时补报。事故（事件）造成的伤亡人数发生变化的，应当及时补报。

城市轨道交通运营事故（事件）发生后，由控制中心根据接报情况收集以下信息，并将内容逐级报告：

① 报告人姓名、单位。

② 发生时间（月、日、时、分）。

③ 发生地点（车厂、车站、区间、百米标和上、下行线）。

④ 设备名称、所属部门、列车车次、车组号、关系人员姓名、岗位。

⑤ 事故（事件）概况、人员伤亡、设备损坏及对运营的影响。

⑥ 是否需要救援。

⑦ 是否影响运营。

⑧ 其他必须说明的内容及要求。

3. 事故（事件）报告的应对

事故（事件）发生单位负责人接到报告后，应当立即启动事故（事件）应急预案，或者采取有效措施，组织抢救，防止事故（事件）扩大，减少人员伤亡和财产损失。

事故（事件）发生后，有关单位和人员应当妥善保护事故（事件）现场及相关证据，任何单位和个人不得破坏事故（事件）现场、毁灭相关证据。因抢救人员、防止事故（事件）扩大及疏通交通等情况，需要移动事故（事件）现场物件的，应当做出标记，绘制现场简图并做出书面记录，妥善保存现场重要痕迹、物证。

事故发生地有关地方人民政府、安全生产监督管理部门和负有安全生产监督管理职责的有关部门接到事故报告后,其负责人应当立即赶赴事故现场,组织事故救援。

▶1.4.2 事故（事件）的应急响应

根据事故（事件）的严重程度和发展态势,可采取不同级别的应急响应措施。

1. 应急响应的主要内容

（1）人员搜救

调派专业力量和装备,在事故（事件）现场开展以抢救人员生命为主的应急救援工作。现场救援队伍之间要加强衔接和配合,做好自身安全防护。

（2）交通疏导

设置交通封控区,对事发地点周边交通秩序进行维护疏导,防止发生大范围交通瘫痪；开通绿色通道,为应急车辆提供通行保障。

（3）医学救援

迅速组织当地医疗资源和力量,对伤病员进行诊断治疗,根据需要及时、安全地将重症伤病员转运到有条件的医疗机构加强救治。视情况增派医疗卫生专家和卫生应急队伍、调配急需医药物资,支持事发地的医学救援工作,提出保护公众健康的措施建议,做好伤病员的心理援助。

（4）抢修抢险

组织相关专业技术力量,开展设施设备等抢修作业,及时排除故障；组织土建线路抢险队伍,开展土建设施、轨道线路等抢险作业；组织车辆抢险队伍,开展列车抢险作业；组织机电设备抢险队伍,开展供电、通信、信号等抢险作业。

（5）维护社会稳定

根据事故（事件）影响范围、程度,划定警戒区,做好事发现场及周边环境的保护和警戒,维护治安秩序；严厉打击借机传播谣言、制造社会恐慌等违法犯罪行为；做好各类矛盾纠纷化解和法律服务工作，防止出现群体性事件，维护社会稳定。

（6）信息发布和舆论引导

通过政府授权发布、发新闻稿、接受记者采访、举行新闻发布会、组织专家解读等方式，借助电视、广播、报纸、互联网等多种途径，运用微博、微信、手机应用程序（APP）客户端等新媒体平台，主动、及时、准确、客观地向社会持续动态发布事故（事件）和应对工作信息，回应社会关切，澄清不实信息，正确引导社会舆论。信息发布内容包括事故（事件）时间、地点、原因、性质、伤亡情况、应对措施、救援进展、公众需要配合采取的措施、事故（事件）区域交通管制情况和临时交通措施等。

2. 运营期事故（事件）应急响应的内容

（1）现场疏散

按照预先制订的紧急疏导疏散方案，有组织、有秩序地迅速引导现场人员撤离事发地点。疏散受影响城市轨道交通沿线站点乘客至城市轨道交通车站出口；对城市轨道交通线路实施分区封控、警戒，阻止乘客及无关人员进入。

（2）乘客转运

根据疏散乘客数量和发生运营突发事件的城市轨道交通线路运行方向，及时调整城市公共交通路网客运组织，利用城市轨道交通其余正常运营线路，调配地面公共交通车辆运输，加大发车密度，做好乘客的转运工作。

（3）运营恢复

在运营事故（事件）现场处理完毕、次生灾害后果基本消除后，及时组织评估；当确认具备运营条件后，运营单位应尽快恢复正常运营。

3. 应急响应的等级

《预案》中将事故分为4个等级，将应急响应也对应地设置为4个等级，其中Ⅰ、Ⅱ级由事发地省级人民政府负责应对工作，Ⅲ、Ⅳ级由事发地城市人民政府负责应对工作。运营突发事件发生在易造成重大影响的地区或重要时段时，可适当提高响应级别。应急响应启动后，可视事件造成损失情况及其发展趋势调整响应级别，避免响应不足或响应过度。

4. 应急救援工作的原则

2006 年国务院颁布的《国家处置城市地铁事故灾难应急预案》中提出了城市地铁事故现场应急救援工作原则：

① 以人为本、科学决策。

② 统一指挥、分级负责。

③ 属地为主、分工协作。

④ 应急处置与日常建设相结合、有效应对。应加强以属地管理为主的应急救援队伍建设，充分调动社会团体和志愿者队伍的力量，形成统一指挥、反应灵敏、协调有序、运转高效的应急救援机制。应提高科技水平和专业素质，采用先进的监测、预测、预警、预防和应急救援技术及设施，充分发挥专家队伍和专业人员的作用。

1.5 事故（事件）的调查与处理

▶1.5.1 事故（事件）的调查

1. 事故调查的部门

对于事故的调查，应根据事故等级由相应级别的人民政府直接组织事故调查组或授权、委托安全监管部门牵头组织事故调查组，依法依规对事故发生的经过和原因展开调查。按《生产安全事故报告和调查处理条例》等有关规定，特别重大事故由国务院或者国务院授权有关部门组织事故调查组进行调查；重大事故由事故发生地省级人民政府负责调查；较大事故由事故发生地设区的市级人民政府负责调查；一般事故由事故发生地县级人民政府负责调查。未造成人员伤亡的一般事故，县级人民政府也可以委托事故发生单位组织事故调查组进行调查。

2. 事件调查的部门

对于未达到事故认定标准的事件，由城市轨道交通单位安全管理部门负责组织调查处理；若险性事件只涉及一个部门，安全管理部门可以授权事件部门调查处理，安全管理部门负责监督。一般事件、事件苗头由事件发生部门负责调查处理，并将处理情况报城市轨道交通单位安全管理部门备案。

3. 事故（事件）的调查内容

事故（事件）的调查应认定事故（事件）的性质，查明人员伤亡、影响范围、经济损失等情况，并根据相关法律法规及事故（事件）单位有关制度和个人的职责，对造成事故（事件）发生承担相应责任的单位和个人，依法提出处理意见，针对事故（事件）暴露出的突出问题，提出防范和整改措施建议。

事故（事件）调查处理的具体工作流程包括准备阶段、调查阶段、分析阶段、审理阶段、处理阶段，如图 1.5.1 所示。

图 1.5.1　事故（事件）调查处理的流程图

事故（事件）调查报告应当包括下列内容：

① 单位概况。

② 经过和救援情况。

③ 造成的人员伤亡和直接经济损失。

④ 发生的原因和性质。

⑤ 责任的认定及对责任者的处理建议。

⑥ 防范和整改措施。

事故（事件）的调查应坚持实事求是、尊重科学的原则，调查报告应及时、准确。

事故（事件）调查处理的首要任务和内容是查清事故（事件）的经过、原因和损失。事故（事件）造成的人员伤亡和直接经济损失是确定事故（事件）等级的依据。事故（事件）发生后，要注意保护现场情况，避免丢失事故（事件）证据和重要线索。由于有些信息和现场证据具有时效性和不可替代性，事故（事件）调查应及时开展，确保调查严谨、全面、准确、有效。

4. 事故（事件）的责任认定

事故（事件）的性质是指事故（事件）是人为事故（事件），还是自然事故（事件），是意外事故（事件），还是责任事故（事件）。查明事故（事件）性质是认定事故（事件）责任的基础和前提。

事故（事件）责任的认定要根据事故（事件）的性质。如果事故（事件）纯属自然灾害事故（事件）或者不可抗力的意外事故（事件），则无须认定事故（事件）责任；如果事故（事件）是人为事故（事件）和责任事故（事件），就应该查明哪些人员对事故（事件）负有责任，并确定其责任程度。事故（事件）责任有直接责任和间接责任；有主要责任和次要责任。

通过查明事故（事件）经过和原因，发现安全生产管理工作的漏洞和薄弱环节，从事故（事件）中总结经验教训，并提出整改措施，防止今后类似事故（事件）的发生，这是事故（事件）调查处理最根本的目的。

城市轨道交通事故（事件）发生后，城市轨道交通单位安全管理机构应及时组织调查小组，重点做好以下工作：

① 保护、勘察现场，详细检查车辆、线路及其他设备，做好调查记录。绘制现场示意图、摄影录像，如技术设备破损故障时，应保存其实物。

② 若事发地点的线路破坏严重，无法检查线路质量，则应对地点前后不少于 50 m 的线路进行测量，以作为衡量事故（事件）地点线路质量的参考依据。

③ 对事故（事件）关系人员分别调查，由本人写出书面材料。

④ 检查有关技术文件的编制、填写情况，必要时将抄件附在调查记录内。

⑤ 提高警惕，注意是否有人为破坏的迹象。

⑥ 必要时召开调查会。

⑦ 根据调查结果，初步判定原因及责任，及时向上级部门汇报。

1.5.2 事故（事件）的处理

生产安全事故责任追究制度是我国安全生产领域的一项基本制度。《中华人民共和国安全生产法》明确规定，国家建立生产安全事故责任追究制度。对事故责任者，应根据事故性质和情节，予以批评教育、经济处罚、行政处分直至追究法律责任。事故性质、情节严重的，要按有关规定逐级追究领导责任。

对于未达到事故认定标准的事件，城市轨道交通单位应按企业安全生产管理条例，落实企业内部追责制度。

事故（事件）发生单位应当认真吸取事故教训，落实防范和整改措施，防止事故（事件）再次发生。安全生产监督管理部门和负有安全生产监督管理职责的有关部门应当对事故（事件）发生单位落实防范和整改措施的情况进行监督检查。

复习思考题

1. 什么是城市轨道交通事故？导致城市轨道交通事故的原因有哪几类？
2. 什么是城市轨道交通事件？事故和事件有何区别？
3. 常见的城市轨道交通建设期、运营期事故分别有哪些？
4. 城市轨道交通运营安全事故（事件）等级是如何划分的？
5. 城市轨道交通建设期各参建单位风险管控的职责分别是什么？
6. 城市轨道交通建设期、运营期事故（事件）的报告内容和应急响应内容分别是什么？
7. 城市轨道交通事故（事件）调查与处理的具体工作流程包括哪几个阶段？

事 故 篇

本篇收集了我国不同城市在城市轨道交通建设期和运营期发生的各类事故案例。案例原始资料来源于事故发生地安全生产监督管理部门公布的事故调查报告及权威网络媒体的公开报道,本书对其进行了改编和归纳。

第 2 章 建设期事故

【学习目的与要求】

通过本章的学习,应当能够了解并掌握:

1. 城市轨道交通建设期常见事故的类型、特点;
2. 城市轨道交通建设期事故的主要成因及预防措施;
3. 城市轨道交通建设期各参建单位的安全防控职责。

2.1 坍 塌

坍塌事故是土木工程施工中最常见的事故之一。坍塌事故导致的伤亡人数通常较多,经济损失和社会影响也较大。在车站和区间施工时易发生基坑坍塌和隧道坍塌事故。

▶2.1.1 坍塌的相关知识

1. 定义

坍塌是指物体在外力和重力的作用下,超过自身的强度极限,结构稳定性被破坏而造成的事故。根据坍塌发生的位置不同,坍塌可分为很多类型,常见的有模板坍塌、脚手架坍塌、基坑坍塌、隧道坍塌等。

2. 事故致因

（1）模板坍塌

模板坍塌的常见原因：

① 模板施工前未进行核算或质量不符合标准，导致模板因刚度和强度不足而严重变形。

② 模板安装有缺陷，如测量放线有误差、接缝不严密、支撑不牢靠、对拉螺栓未紧固等，导致炸模、涨模。

③ 混凝土浇筑过程中未对模板变形实时监控，未及时发现并消除安全隐患。

（2）脚手架坍塌

脚手架坍塌的原因与模板坍塌有相似之处。常见原因：

① 脚手架杆件及配件质量不符合标准，杆件因刚度和强度不足而扭曲变形。

② 脚手架安装设计不合理，剪刀撑或连墙体设计不规范。

③ 脚手架的搭建队伍不具备施工资质，不按规范要求施工。

④ 未实时监控脚手架搭建过程，未及时发现并消除安全隐患。

（3）基坑坍塌

基坑坍塌的原因诸多，造成的事故影响差别也很大。常见原因：

① 对工程地质条件、周边环境、管线分布等勘察不够细致全面，导致基坑开挖方案不合理。

② 深基坑工程未有专项支护方案。

③ 施工单位未严格按照规范要求和基坑开挖方案要求施工，或未有方案而盲目施工，提前开挖、超挖。

④ 对地下水问题重视不够，采取的排水、止水措施不当或效果不佳。

⑤ 基坑支护结构设计不合理，施工质量存在缺陷，拆除作业违规。

⑥ 施工期间未加强对基坑及邻近建筑物的沉降监测，未及时发现并消除安全隐患。

⑦ 未针对暴雨等极端气候对基坑施工的影响做应急预案。

（4）隧道坍塌

隧道坍塌的原因包括：

① 对水文地质条件勘察不够细致全面，造成设计和施工方案的不合理，这

是引发隧道坍塌的重要原因。

② 遇到不良夹层、地下管线、桩或其他地下构筑物等障碍物时,缺乏科学的应对措施。

③ 支护、止水、二次衬砌设计方案不合理,施工质量有缺陷。

④ 隧道施工期间未加强对周边环境的监测,未及时发现并消除安全隐患。

⑤ 未针对暴雨等极端气候对隧道施工的影响做应急预案。

3. 预防措施

① 各参建单位应严格执行《建筑工程预防坍塌事故若干规定》(建质〔2003〕82号)。

② 设计单位应深化认识,加强对设计方案的审查,提高设计质量,提高设计管理质量。

③ 施工单位应严格按照规范的施工流程和施工方案进行施工。对于模板、脚手架坍塌问题,应严把材料质量关,严防不合格材料进场,严把安装质量关,消除安全隐患。对于基坑、隧道坍塌问题,应重视工程地质条件、地下水环境、暴雨等极端气候对工程的影响,对各类突发状况建立应急预案,加强施工期间的监测和巡查力度,及时发现并消除安全隐患,积极采用有助于降低工程风险的新材料、新设备、新工艺。

④ 监理单位应当按照法律法规和工程建设强制性标准实施监理,严格执行监理程序,在实施监理过程中,发现存在安全事故隐患的,应当要求施工单位整改;情况严重的,应当要求施工单位暂时停止施工,并及时报告建设单位。施工单位拒不整改或者不停止施工的,工程监理单位应当及时向有关主管部门报告。

⑤ 建设单位应及时办理施工许可证,确保建设工程安全作业环境及安全施工措施所需费用,不得压缩合同约定的工期。配合相关部门做好施工现场的安全监管。

▶2.1.2 施工车站坍塌事故案例

案例1：

1. 事故概况

某日，施工车站配线段钻爆区间在绑扎钢筋过程中，违规拆除钢管支撑顶托，导致矿山法隧道二衬钢筋坍塌。事故造成3人死亡，1人重伤，直接经济损失668.6万元。经调查认定，该事故是一起较大生产安全责任事故。

2. 事故经过

某日上午，车站配线段钻爆区间进行二衬双层钢筋安装作业。钢筋绑扎班6名工人在二衬台架顶部进行钢筋绑扎作业时，位于台架顶部左侧的徐某为了调直纵向钢筋，将两根钢管支撑顶托相继拆除，导致临时支撑体系性能变差，造成还未形成整体受力钢筋骨架的二衬双层钢筋下沉变形，重心侧倾失稳发生坍塌事故，现场作业人员3人死亡，1人重伤。

3. 事故原因分析

（1）直接原因

事故点D型断面二衬双层钢筋安装过程中，二衬双层钢筋未完全形成整体稳定骨架前，提前拆除了部分临时支撑，且二衬双层钢筋未有效设置纵向临时支撑。

（2）间接原因

① 施工单位企业主体责任落实不到位。

施工单位安全生产管理人员没有根据本单位的生产特点，对二衬钢筋绑扎进行经常性检查，没有及时发现并消除违章作业的安全隐患，没有及时消除二衬双层钢筋未设置有效纵向临时支撑的安全隐患。

施工单位制订的施工方案和施工技术交底针对性不强。对临时支撑（包括纵向临时支撑）设置的要求不明确，针对性不强。对台车两侧第一、第二台阶操作平台处如何设置钢管临时支撑也未做明确要求。对台车两侧如何设置缆风绳或斜撑等其他措施（纵向临时支撑）未做明确的要求。

施工单位对事故段进行二衬双层钢筋衬砌的过程中，对其稳定性变化和相应维稳措施缺乏实践经验，加固措施不当，对可能导致坍塌的风险判断预估不足。事故现场未见两侧设置缆风绳或斜撑等其他措施（纵向临时支撑）。

施工单位针对二衬双层钢筋的绑扎不符合要求。根据施工技术交底要求，钢筋绑扎时每一个钢筋交叉点上都应设置扎丝，且绑扎牢固，扎丝的尾端要放在两层钢筋之间，不能朝向混凝土内表面或外表面，应采用直径为0.7 mm的铁丝，按逐点改变绕丝方向（8字形）交错扎结，或按双对角线（十字形）方式扎结。而在事故现场发现，对已绑扎完成的二衬外层钢筋网片存在采用四股22#铁丝进行顺向跳2~3孔的方式绑扎、外层钢筋网片横向跳9孔和纵向跳9孔绑扎的情况。

② 监理单位未能严格履行监理职责，未按照法律法规和工程建设强制性标准实施监理。

监理单位对施工方案和施工技术交底针对性不强，二衬双层钢筋的绑扎存在不符合要求等情况，未及时发现和消除安全隐患。监理单位对二衬双层钢筋未有效设置纵向临时支撑失察。监理人员未能及时发现并制止现场作业人员违章作业行为。

案例2：

1. 事故概况

某日，施工车站风亭组，地连墙破除过程中作业人员违规切割拉扯钢筋，导致风亭基坑地连墙坍塌（图2.1.1）。事故造成2人死亡，直接经济损失305万元。经调查认定，该事故是一起一般生产安全责任事故。

图 2.1.1　施工车站风亭组坍塌事故现场

2. 事故经过

某日下午,施工车站风亭组在地连墙破除过程中发生一起坍塌事故,造成 2 人死亡,直接经济损失 305 万元,因施工单位计划晚上进行土方开挖作业,要求在基坑清理地连墙上露出的钢筋的作业人员于 16 时前全部撤出基坑。2 名作业人员于 16 时左右按要求离开基坑作业现场后,又擅自返回基坑收集废弃钢筋。2 人在导墙下方切割拉扯钢筋过程中,由于钢筋与处于悬空脆弱平衡状态的导墙相连,导致导墙混凝土块突然坍塌坠落,并瞬间将下方的 2 人掩埋,该 2 人经抢救无效死亡。

3. 事故原因分析

事故原因分析如图 2.1.2 所示。

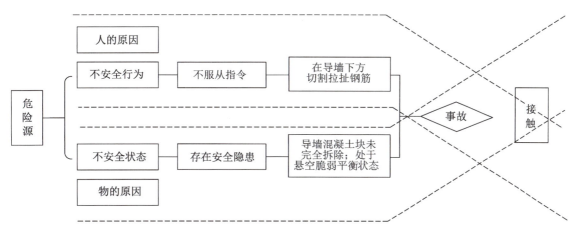

图 2.1.2　施工车站风亭组坍塌事故原因分析

（1）直接原因

2 名死者安全意识薄弱，不服从项目部的统一安排，违章冒险收集废弃钢筋，在导墙混凝土块未完全拆除且处于悬空脆弱平衡的状态下，在导墙下方切割拉扯钢筋，致使导墙混凝土块坍塌，引发事故。

（2）间接原因

施工单位未建立安全生产责任制，未制定完备的安全生产规章制度和操作规程，未制订安全生产教育和培训计划，公司安全管理混乱，从业人员安全意识淡薄。在导墙尚未完全拆除的情况下，未在拆除施工现场划定危险区域，未设置警戒线和相关的安全标志，未安排专人进行监管。对施工现场废弃材料的处理管理不严，公司管理人员反映，经常有现场施工人员擅自收集、处理废弃材料，但公司没有采取措施予以制止纠正。

案例 3：

1. 事故概况

某日，施工车站竖井横通道上台阶喷浆作业区域拱顶发生透水，导致上方路面两条道路交界处出现塌陷（图 2.1.3）。事故造成路面行驶的 1 辆清污车、1 辆电动单车及车上人员坠落坑中，两辆车上共 3 人遇难，直接经济损失约 2 004.7 万元。经调查认定，该事故是一起较大生产安全责任事故。

图2.1.3 施工车站风亭组坍塌事故地面塌陷区航拍图

2. 事故经过

事发路段下方为在建车站施工区域,事发前施工单位正在采用暗挖法进行横通道施工,分三级台阶进行,正在进行的第一级台阶施工,进展到第50 m(总长50.606 m)。

横通道初期支护施工工艺流程:隧道爆破或机械开挖→掌子面初喷混凝土(约40 mm厚)→挂网→架立钢格栅架(含钢格栅架立架、纵横向连接钢筋、锚杆、定位系筋、焊接、超前小导管安装、超前小导管注浆)→复喷混凝土。

事故经过如图2.1.4所示。

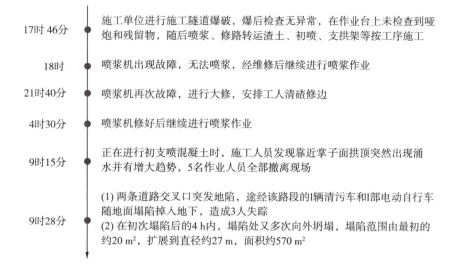

图 2.1.4　施工车站风亭组坍塌事故时间轴线图

3．事故原因分析

（1）直接原因

坍塌区域横通道上方富水沙层及强风化层逐渐加厚，拱顶围岩为强风化砂砾岩，裂隙发育，局部揭露溶洞，围岩总体稳定性差。暗挖法施工遭遇特殊地质环境等因素叠加影响，引发拱顶透水坍塌的风险高。

（2）间接原因

① 施工单位安全生产主体责任落实不到位。

项目经理兼职其他业务未在项目现场履行责任。

项目部对暗挖法施工安全风险管控不足，在地质情况勘探不明的条件下，未按照施工设计图要求组织落实全面地质勘察，未坚持使用超前地质勘探。

未按规定对劳务派遣人员的安全管理工作进行统一协调、管理，未对劳务人员进行安全生产教育和培训。

在施工过程中，曾经出现过两次异常渗水掉块，但未引起项目部足够重视，未及时调整施工方案，未采取有效措施及时深入排查事故苗头，未有效预防事故的发生。

未采取有效的技术和管理措施及时消除事故隐患，在横通道施工工程中，喷浆机曾经1天内出现2次故障，没有及时安排备用设备，以至于拱顶和掌子面在爆破后未及时完成混凝土喷射作业，未及时形成支护。

缺乏有效的应急联动机制，编制的应急救援预案对风险辨析不到位，未辨析到可能导致地面塌陷风险的险情（如地下突水、塌方等），无相应的防地面塌陷处置措施及地上地下联动机制。

专项施工方案无稳定可靠的地上地下通信保障措施。

② 监理单位安全管理人员履职不到位。

项目总监长期空岗，仅有一名临时项目总监，且未按要求配置监理员。值班监理员从事发当日上班至事故发生前一直在项目部办公室整理资料，未按规定开展监理工作。监理员未按要求落实危险性较大的分部分项工程安全管理。未及时督促施工单位落实会议决议，增加必要地质探测手段。

▶2.1.3 施工区间坍塌事故案例

案例1：

1. 事故概况

某日傍晚，施工区间，左线盾构机带压开仓动火作业时，焊机电缆线短路引起火灾，3名仓内作业人员失联，施救过程中因土仓压力急速下降，掌子面失稳，突发坍塌。事故造成3人死亡，直接经济损失1 008.98万元。经调查认定，该事故是一起较大生产安全责任事故。

2. 事故经过

事故经过如图2.1.5所示。

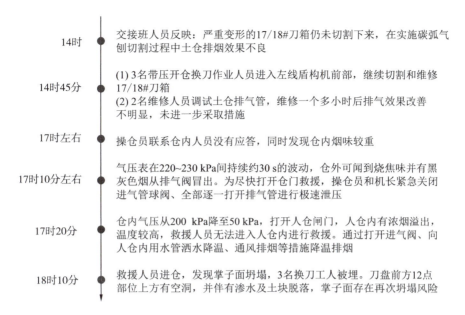

图 2.1.5 施工区间坍塌事故时间轴线图

3. 事故原因分析

事故原因分析如图 2.1.6 所示。

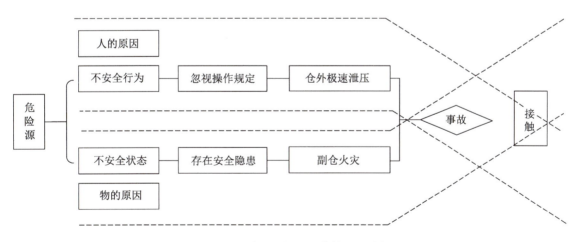

图 2.1.6 施工区间坍塌事故原因分析

(1) 直接原因

作业工人在有限空间带压动火作业过程中,焊机电缆线绝缘破损短路引发人闸副仓火灾,引燃副仓堆放的可燃物,人闸主仓视频监控存在故障,未及时发现火灾苗头,人闸主仓、副仓无烟感温感消防监控系统,仓内人员缺乏消防安全与应急防护装备，无法实施有效自救，仓外作业人员急速泄压使衡盾泥泥膜失效，掌子面失稳坍塌将作业工人埋压。

图 2.1.7 是盾构机前盾与双室气闸位置示意图。

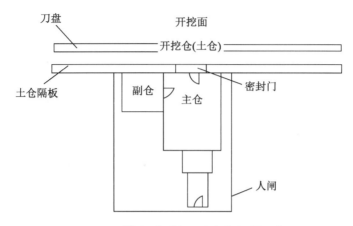

图 2.1.7　盾构机前盾与双室气闸位置示意图

（2）间接原因

① 施工单位开仓检查换刀作业专项方案缺乏针对性且未及时更新。

盾构带压开仓检查换刀作业属于危险性较大的分部分项工程，施工单位编制的《盾构带压开仓检查及刀具更换方案》对土仓内动火作业，刀具焊接、刀箱气刨切割等危险性大的动火作业缺乏针对性的安全技术措施。

应急预案缺乏针对性、应急物资配备不足。施工单位编制的事故应急预案未有效针对土仓动火作业、人闸火灾等情景，未组织针对人仓、土仓发生火灾的演练，导致应急预案流于形式，对实际发生的火灾事故未能采取有效的安全技术与安全管理措施加以预防和处置。仓内气刨动火作业，未对照技术规范中相关规定，配备仓内消防应急器材、人员防毒装备、应急呼吸防护装备。

未有效排除焊机电缆线绝缘破损、安全设备及监控设施存在故障等安全隐患，存在焊机电缆线无人维护、视频监控系统损坏后未及时维修、土仓内四台土压传感器只有一台能维持工作等安全隐患。

② 施工分包单位未履行安全管理责任。

施工分包单位未按照分包合同和安全管理协议的约定，严格履行分包单位的安全管理职责，忽视安全技术说明，安全培训和技术交底流于形式。未严格按照安全标准和安全技术交底要求、特种作业规定、技术交底文件及安全交底文件施工，工作时未佩戴符合安全标准的劳动保护用品，也未制定安全教育和安全检查制度，进仓作业前未对参与人员进行培训。

在作业过程中，忽视了衡盾泥气压开仓施工法专利说明中关于泥膜稳定性的风险警示，缺乏预防掌子面坍塌事故的安全技术措施。依据规定，带压作业时严禁仓外人员进行危及仓压稳定的操作，但事故发生当日，3 名工人在土仓作业期间，维修班组屡次调试排气管，试图改善排气效果，边气压作业边维修排气管的行为增加了扰动掌子面稳定性的因素。对施工现场人员的安全培训、三级安全教育和安全技术交底内容，均未围绕气刨作业等关键内容展开，也未涉及如何有效防范气刨作业导致火灾的内容。

③ 监理单位施工管理缺位，安全监理未依规定履职。

监理单位对盾构带压开仓检查换刀方案审核不认真，未能发现该方案中并未涉及换刀箱及动火作业等高风险作业内容，未能及时督促施工单位结合实际修订完善《盾构带压开仓检查及刀具更换方案》，对危险性较大的分部分项工程带压换刀作业，未按监理方案和规定安排专人旁站监督和填写旁站监理记录，安排未经监理业务培训的实习人员从事监理员工作，未督促施工单位严格实行有限空间作业审批制度，未及时发现并督促排除换刀作业过程中的安全隐患。

④ 建设单位未认真履行建设单位职责，对重点安全风险认识不足，对施工、监理单位疏于督促管理，未能有效督促施工、监理单位及时排除安全隐患。

案例 2：

1. 事故概况

某日，盾构区间右线工地盾尾被水压力击穿涌泥涌沙，引发盾构隧道及路面坍塌（图 2.1.8）。事故造成 11 人死亡、1 人失踪、8 人受伤，直接经济损失约 5 323.8 万元。经调查认定，该事故是一起重大生产安全责任事故。

图 2.1.8 施工区间盾构隧道及路面塌陷区航拍图

2. 事故经过

某日晚上,右线盾构机完成 905 环掘进后,位于隧道底埋深约 30.5 m 的淤泥质粉土、粉沙、中沙交界处且具有承压水的复杂地质环境中。在进行管片拼装作业时,土仓压力突然上升,盾尾下沉,盾尾间隙变大,盾尾透水涌沙。现场施工人员抢险堵漏未果,透水涌沙继续扩大,下部沙层被掏空,使盾构机和成型管片结构向下位移、变形。隧道结构破坏后,巨量泥沙突然涌入隧道,猛烈冲断了盾构机后配套台车连接件,使盾构机台车在泥沙流的裹挟下突然被冲出超过 700 m,并在隧道有限空间内引发了迅猛的冲击气浪,隧道内正在向外逃生的部分人员被撞击、挤压、掩埋,造成重大人员伤亡。

事故经过如图 2.1.9 所示。

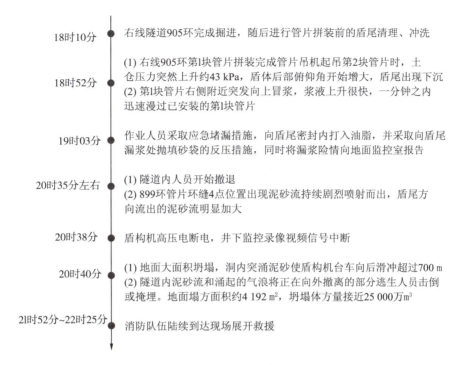

图 2.1.9　施工区间透水坍塌事故时间轴线图

3．事故原因分析

（1）直接原因

盾尾密封性能下降、承压性能下降、遭遇特殊地质环境等因素叠加，引发隧道透水坍塌。

① 事故发生段存在深厚富水粉沙层且临近强透水的中粗沙层，地下水具有承压性，盾构机穿越该地段时发生透水涌沙涌泥坍塌的风险高。

② 盾尾密封装置在使用过程中密封性能下降，盾尾密封被外部水土压力击穿，产生透水涌沙通道。

③ 涌泥涌沙严重情况下在隧道内继续进行抢险作业，撤离不及时。

④ 隧道结构破坏后，大量泥沙迅猛涌入隧道，在狭窄空间范围内形成强烈泥沙流，气浪向洞口方向冲击，导致部分人员逃生失败，造成人员伤亡的严重后果。

（2）间接原因

① 施工单位安全生产主体责任落实不到位。

施工单位盾构施工安全风险管控不足，冒险组织抢险堵漏未采取有效的技术和管理措施及时消除事故隐患；未制订隧道坍塌应急预案，在涌水突泥应急预案中未明确紧急情况下撤人的时机和程序；应急处置不当，未严格执行项目部及盾构分部应急预案的规定及时撤出作业人员；未按规定落实安全生产责任制，未对除项目经理以外的其他岗位责任人员进行考核；未按规定向从业人员告知危险因素、防范措施及事故应急措施，未进行安全技术交底；违反有关法律规定延长施工现场作业人员工作时间；未按规定严格督促盾构司机执行交接班制度，未及时纠正当班脱岗等违章行为；未按规定如实记录部分劳务派遣人员安全生产教育和培训情况；未开展定期安全生产检查，未及时发现并消除盾构施工事故隐患。

② 监理单位安全生产监理责任落实不到位。

监理单位督促施工单位加强风险研判和隐患排查治理不力，未按规范要求对施工单位安全教育活动进行旁站，旁站监理人员不到岗且未如实填写旁站记录，未核实受教育人员名单，未按规定对施工段面沉降严重的风险预警制定处置方案，未跟进红色预警分析会议提出的措施落实情况，也未向建设单位报告措施落实情况。

③ 建设单位安全监督管理不力。

建设单位安全生产责任制不健全，对发包工程项目事故隐患整改监督不力，针对风险管控报告和沉降监测点红色预警分析会议指出的问题，未采取有效措施督促施工单位落实整改，未按规定开展事故应急救援演练。

案例 3：

1. 事故概况

某日，在施工区间，联络通道内拟进行土层开挖作业时，临时边坡荷载增大导致局部土方坍塌（图 2.1.10）。事故造成 1 人死亡，直接经济损失 159 万元。经调查认定，该事故是一起一般生产安全责任事故。

图 2.1.10　施工区间旁通道土方坍塌事故现场

2. 事故经过

某日上午，施工区间联络通道内拟进行土层开挖作业。事发前，现场作业人员正在联络通道架设第 1、2 榀型钢支撑，而此时作业人员正在下部沟槽内进行架木背板作业。当作业人员进行木背板塞入操作时，联络通道中部土体突然发生局部坍塌，造成其肩部以下部位被土掩埋，后经抢救无效死亡。

3. 事故原因分析

事故原因分析如图 2.1.11 所示。

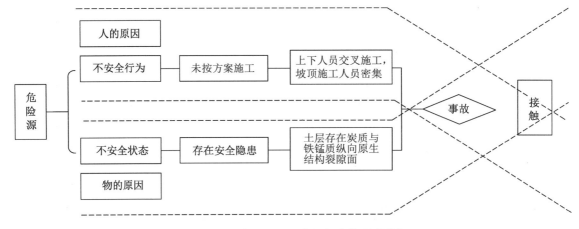

图 2.1.11 施工区间土方坍塌事故原因分析

（1）直接原因

施工现场作业人员未按《地下连接通道专项施工方案》中的有关规范进行施工。通道初衬未形成时，上下人员交叉施工，坡顶施工人员密集，导致临时边坡荷载增大，且联络通道挖掘施工工作面土层存在炭质与铁锰质纵向原生结构裂隙面，导致局部土体突然坍塌。

（2）间接原因

① 施工单位安全生产主体责任落实不到位。

施工单位施工现场组织不严格，对上下人员交叉施工，坡顶施工人员密集等风险管控措施落实不到位，未健全生产安全事故隐患排查治理制度，未采取安全技术措施，未及时发现并消除安全隐患。

② 监理单位监理工作职责落实不到位。

监理单位施工安全监理不力，未及时发现施工现场上下人员交叉施工、坡顶施工人员密集等安全隐患，未有效督促施工单位落实风险管控措施，未及时排查消除安全隐患。

③ 建设单位主体责任落实不到位。

建设单位未有效督促各方履职尽责，对安全隐患排查不力，未有效督促施工单位认真落实安全生产主体责任，对施工中存在的交叉施工作业、坡顶施工人员密集等安全隐患失察失管。

2.2 涌水涌沙

受地质条件、周边环境、降水不到位及支护方案等因素影响,地铁车站和区间施工时有可能造成涌水涌沙现象。涌水涌沙问题若解决不及时或处置措施不当,不仅会延长施工工期,增加施工成本,而且会对周边建筑物及人员的安全构成极大威胁,导致更为严重的安全事故发生。

▶2.2.1 涌水涌沙的相关知识

1. 定义

涌水是土木工程施工时经常遇到的一种现象,多指地下工程施工时,地下水涌入基坑基槽、隧道等地下空间的现象。涌沙也称为流沙,是当基槽基坑、隧道等原位土体开挖时,由于土的压力减小,地下水在较薄弱的位置流出,水中带着大量沙土的现象。涌水涌沙造成土层损失,从而导致结构受损及地表沉陷。

地铁施工中容易出现涌水涌沙的位置:基坑围护结构、盾构机出入洞口、隧道掌子面等。

2. 事故致因

(1) 基坑涌水涌沙

地铁车站大多采用明挖法,车站基坑涌水涌沙一般发生在基坑开挖区域水文地质复杂、有富水沙层、地下水发育的情况下。发生涌水涌沙的部位绝大多数位于围护结构地下连续墙的接头处,少部分位于地下连续墙非接头处,还有少量发生于基底。

发生在地下连续墙接头处的涌水涌沙,主要原因是幅与幅之间的接头处存在夹泥夹沙,是施工时刷壁处理不到位造成的。发生在地下连续墙非接头处的涌水涌沙,主要原因是地下连续墙水下混凝土浇筑质量有问题,由于泥浆质量不合格或水下混凝土浇筑过程中有塌壁现象发生，造成地下连续墙夹泥夹沙。

（2）隧道掌子面涌水涌沙

地铁区间通常采用盾构法或矿山法等暗挖方式。暗挖隧道掌子面发生涌水涌沙的原因包括地下水及掘进方法等因素。掌子面开挖破坏了地下水系原有的平衡，掘进中的施工扰动使周边土体（岩体）发生变形、产生裂隙，改变了地下水迁移和流动的方向，使地下水在隧道掌子面周边贯通，一旦出现薄弱面，极易引发涌水涌沙事故。采用盾构法施工的隧道，因盾构机出现故障，或其他施工质量问题也可能引发涌水涌沙。

3. 预防措施

① 设计单位应详细勘探工程所在区段及周边的工程地质条件和地下水分布情况，提出科学合理、可靠可行的设计方案，并加强方案的论证。设计时应重视支护问题，选择合理的支护参数，考虑合理的防护措施。

② 施工单位遇到涌水涌沙易发地段时，应建立应急响应预案，事先准备好防、排、截、堵等处理措施；应加强对施工方案的论证，确保施工方案切实可行、有效可靠。施工过程中加强监测，及时发现并消除安全隐患。

③ 监理单位应对现场的水文地质条件有充分认识，加强施工现场的监督，实时掌握施工动态。

④ 建设单位应对项目属于涌水涌沙事故易发地段提前有认知，组织设计、施工、监理单位就此充分沟通，加强日常监督和管理。

▶2.2.2 施工车站涌水涌沙事故案例

1. 事故概况

某日，施工车站因地墙接缝质量缺陷、补救措施不当而发生车站基坑地墙漏水突涌事故（图2.2.1）。事故造成4人死亡，2人受伤，直接经济损失532万元。经调查认定，该事故是一起较大生产安全责任事故。

图 2.2.1　施工车站涌水涌沙事故现场救援图

2. 事故经过

某日晚上,车站南基坑正在进行地连墙堵漏施工。施工单位安排了 8 名堵漏工在南基坑封堵墙西侧第五道钢支撑附近进行堵漏作业。事发时,位于第三道和第四道砼支撑之间(距地面约 13 m 以下)的封堵墙(ZQ5)与西侧主体地连墙(W24)处已封闭好的堵漏钢板突然被北基坑的泥沙冲开,形成一个宽约 90 cm、高约 3.5 m 的缺口,北基坑内约 800 m³ 泥沙从该缺口处瞬间涌入南基坑,冲击并掩埋了正在南基坑底部(距地面约 25 m)堵漏施工的 8 名作业人员,造成 4 人死亡、2 人受伤。

3. 事故原因分析

事故原因分析如图 2.2.2 所示。

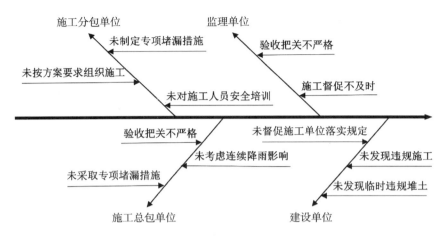

图 2.2.2 施工车站涌水涌沙事故原因分析

(1) 直接原因

主体 W24 幅连续墙与 ZQ5 幅封堵墙的接缝存在严重质量缺陷，形成事故隐患。实际施工中，主体 W24 幅连续墙采用了一字形施工方案，未按设计图纸规定的十字形施工。施工时未能有效控制主体 W24 幅连续墙与 ZQ5 幅封堵墙的接缝质量，形成沿竖向通长、最大宽度达 900 mm 的质量缺陷区域、明显的渗漏通道和受力薄弱部位。

针对墙幅接缝的严重质量缺陷而采取的补救措施不当。在基坑开挖过程中，该部位出现渗水流沙现象后，使用钢板在坑内随挖随堵的补救措施，且钢板与地连墙连接不牢靠，受力性能差，未能从根本上解决安全隐患，渗漏通道依然存在，导致封堵墙北侧水土流失严重，土体空隙加大，形成涌水涌沙通道。

(2) 间接原因

① 施工分包单位施工组织管理不到位。

施工分包单位在组织地连墙施工时，未按照设计方案要求组织施工，改十字幅墙为一字幅墙。在组织堵漏施工时，未针对封堵墙严重渗漏的具体情况制定相应的专项堵漏措施，未对施工人员进行必要的安全生产教育和培训。

② 施工总包单位安全生产检查不严格。

施工总包单位没有及时检查发现施工分包单位未按设计图纸浇筑基坑（W24 幅连续墙），验收把关不严。在组织堵漏作业时，未针对封堵墙严重渗漏的具体情况采取相应的专项堵漏措施，未督促施工分包单位进行堵漏施工作业。在天气连日降雨的情况下，仍然在基坑封堵墙附近违规堆积土方，直接增加了接缝缺陷部位的侧向压力。

③ 监理单位安全监理不到位。

监理单位没有及时发现施工分包单位未按设计图纸浇筑基坑（W24幅连续墙）的情况，验收把关不严；未能有效督促补漏施工；发现北基坑堆土载荷过大后，没有及时督促施工分包单位落实整改措施。

④ 建设单位安全生产管理不严。

建设单位未能有效督促施工单位严格落实各项安全规定，未能及时发现施工单位未按图纸施工，未能及时发现并制止施工单位在北基坑临时违规堆土，未及时消除事故隐患。

▶2.2.3 施工区间涌水涌沙事故案例

案例1：

1. 事故概况

某日，施工区间采用矿山法施工的隧道掌子面出现涌水突泥导致围岩垮塌（图2.2.3）。事故造成5人死亡，3人受伤，直接经济损失785万元。经调查认定，该事故是一起较大生产安全责任事故。

图2.2.3 施工区间涌水涌沙事故现场航拍图

2. 事故经过

某日下午，施工区间左线小里程某位置矿山法隧道施工现场，因已完成支护的前方及掌子面局部存在渗水、掉块情况，项目部正组织工人采用掌子面挂钢筋网片喷射混凝土封闭的常规处置方式对渗水、掉块情况进行封闭。掌子面封闭施工完成后，现场负责封闭掌子面的 7 名作业人员仍在收拾清理现场工具准备撤离。10 分钟后，掌子面突然出现涌水突泥，瞬间冲垮掌子面，掌子面附近 7 名人员和距离掌子面约 30 m 的另外 1 名工作人员受到泥水冲击，造成现场施工人员 5 人死亡，3 人受伤。

3. 事故原因分析

事故原因分析如图 2.2.4 所示。

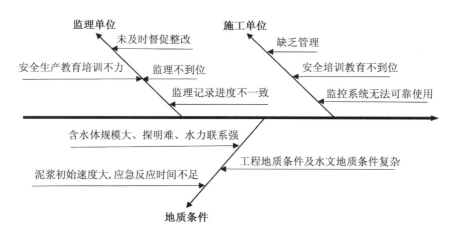

图 2.2.4 施工区间涌水涌沙事故原因分析

（1）直接原因

事发段强风化凝灰岩受断裂带影响地下水渗流侵蚀形成"存水空洞"，风化深槽处地下水承压性大幅增加，地层局部隔水层缺失导致强风化凝灰岩遇水软化，承载力大幅降低。随着开挖的临近，隧道掌子面上方和前方围岩在水土压力下达到极限状态突然垮塌，造成大规模、高流动性涌水突泥灾害事故。

（2）间接原因

① 工程地质条件及水文地质条件复杂。

含水体规模大、探明难、水力联系强，事发时开挖掌子面已封闭完成，没有明显征兆，瞬间发生坍塌并涌水突泥，超出隧道施工灾害预判的传统认识，导致工程类比法不能覆盖。涌水突泥过程中泥浆初始速度大，最大速度达到 20.885 m/s，冲击压力大，达到 0.53 MPa，11 s 内抵达横通道位置，且泥沙、泥浆测算总量达到 6 924 m³。常规的应急预案无法应对这种大规模、高烈度的突发事件，现场人员应急反应时间不足，导致逃生困难。

② 施工单位企业主体责任落实不到位。

施工单位未按建设单位要求保持监控系统的可靠使用。视频监控系统损坏后未及时修复，不能对现场进行有效监控，事故发生时无监控资料。施工现场上下竖井的门禁系统损坏后，未及时修复，不能实时准确掌握隧道内实际人数。

项目部总工程师因病在事故发生前近三个月时间内多次请病假，项目部未及时向公司报告，部分技术文件由副总工程师代替签字。

对劳务单位的个别施工人员未进行安全培训教育，未严格落实三级安全教育制度，公司级教育人员未到项目部进行现场教育，由项目部人员实施公司级安全教育，存在培训记录造假，代替签字的问题。

③ 监理单位未对现场存在问题及时督促整改。

监理单位未对施工单位监控系统、门禁系统损坏的问题及时督促整改，未对项目总工程师生病请假的问题提出管理要求，未督促施工单位严格落实三级教育培训。监理记录、日志中对工程进度的记录不一致。部分旁站监理记录进度与监理日志的工程施工进度不一致。部分监理日志中对工程进度的记录前后有矛盾。

④ 建设单位对参建单位监督检查不到位。

建设单位未及时发现施工单位和监理单位存在的管理问题并督促整改。

案例 2：

1. 事故概况

某日，在盾构区间右线，盾构施工时盾构机泥水仓门螺栓失效，致使仓门崩开，泥沙通过仓门涌入隧道，导致地面塌陷（图 2.2.5）。事故未造成人员伤亡，造成直接经济损失 30.14 万元。经调查认定，该事故是一起一般生产安全责任事故。

图 2.2.5 施工区间涌水涌沙事故现场

2. 事故经过

某日,在盾构区间右线,盾构机在开仓作业过程中,作业人员准备进入人仓清理泥袋子时,人仓与土仓闸门突然爆开,大量泥沙涌入人仓,人仓门采取强制关闭措施后仍有一道 5~6 cm 的缝隙,泥沙水从缝隙中开始向隧道流入,造成路面塌陷事故。

事故发生时作业人员使用洞内储存的棉被、海绵条、聚氨酯等进行了紧急封堵,后采用注浆法对沉降位置进行回填,地面共设置 13 个注浆孔,注浆深度约 12 m。共注入化学浆液 38 m³,双液浆 238 m³。

3. 事故原因分析

(1) 直接原因

区间右线开仓点覆土厚度达 17.7 m,地层由上至下分别为杂填土、淤泥质土、粉(细)砂、中砂及强风化泥质粉砂岩,地下水丰富,隧道拱顶地层自稳性差。泥水仓门螺栓失效致使泥水仓仓门突然崩开(图 2.2.6),泥水仓内气压急剧下降,导致开挖面和隧道拱顶失稳,泥沙涌入泥水仓和人仓,人仓门因泥袋等杂物卡住无法关严,导致泥沙通过人仓涌入隧道、地面坍塌。

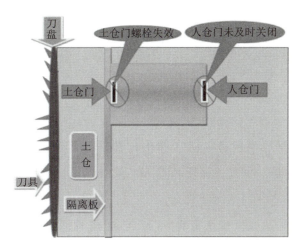

图 2.2.6　盾构机人仓涌沙涌泥示意图

（2）间接原因

① 施工单位安全生产主体责任不落实。

施工单位组织分工不合理，项目部关键岗位管理人员未严格履行盾构施工管理职责。未严格按层级进行盾构开仓技术交底，且交底内容不全面，如开仓压力值设定、泥膜护壁等相关重要要求未交底。对从业人员进行安全生产教育培训不到位。未及时消除开仓作业事故隐患。

② 监理单位对项目安全监理不到位。

监理单位未严格按照相关要求建立危险性较大工程安全管理档案，监理人员对危险性较大工程施工实施专项巡视检查不到位，对开仓作业安全管控不到位。

③ 建设单位对施工单位管理存在疏漏。

建设单位对施工单位主要管理人员的变更管理和质量安全履约管理不到位。

2.3　机械伤害

机械伤害是生产活动中的常见伤害之一。城市轨道交通建设过程中涉及的施工机械种类繁多，这些机械尤其是重型机械，成为机械伤害事故的危险源。

▶2.3.1 机械伤害的相关知识

1. 定义

机械伤害通常指机械设备运动（静止）部件、工具、加工件直接与人体接触引起的挤压、碰撞、冲击、剪切、卷入、绞绕、甩出、切割、切断、刺扎等伤害。

地铁施工阶段易造成机械伤害的危险源：盾构机、顶管机等地下施工机械；起重机械与垂直运输机械；土石方机械；运输机械；桩工机械；混凝土机械；钢筋加工机械及其他施工机具。

为避免机械伤害，建筑机械的使用应严格按照《建筑机械使用安全技术规程》（JGJ 33—2012）的要求规范操作。

2. 事故致因

（1）人的不安全行为

人的不安全行为，包括操作失误、误入危区等，易导致机械伤害。

操作失误的原因包括：

① 操作技术不熟练，操作方法或操作程序不当，违章作业。

② 机械指示信息误导引起误操作。

③ 未经准备仓促作业或长时间疲劳作业引起误操作。

④ 对突发状况缺乏冷静应对引起误操作。

误入危区的原因包括：

① 图方便、走捷径，抱侥幸心理主动进入危区。

② 未经安全教育培训或对机械伤害缺乏深刻认识，误入危区。

③ 疲劳状态或其他身体原因、环境原因导致误入危区。

④ 机械位置突然变化导致危区发生变化。

⑤ 信息沟通有误或错误指挥导致误入危区。

（2）机械的不安全状态

机械的不安全状态，也易导致机械伤害。

机械的不安全状态包括：

① 机械存在质量隐患。

② 机械的安全防护设施不完善。

③ 机械的使用环境不友好，如通风、防尘、照明、防震等条件不佳。

（3）环境及管理因素

作业环境杂乱、存在交叉作业、材料无序堆放、通道不畅及缺乏有效管理等因素也易导致机械伤害。

3. 预防措施

① 施工单位应加强员工安全教育培训，确保操作工熟练掌握机器操作，严格按照操作规程作业。确保其他作业人员对机械伤害有深刻认识，严格管控施工区域的人员进出，避免有人误入危险区域。做好安全防护工作，作业人员必须穿戴劳动保护用品。建立健全用工安全制度，定期组织员工体检，根据员工身体状况合理安排工作。按时对机器进行安全检修和维护保养，保证机械有良好的使用环境。

② 施工总包单位应认真履行安全工作职责，加强安全生产检查，保证施工机械按时检修，排除故障隐患。督促落实各项安全技术规范，及时完善施工方案，防止操作流程不标准引起的机械伤害事故。对危险性较大的机械工作按时进行生产检查。坚决克服以包代管，包而不管的违法行为，切实把事故隐患消除在萌芽状态。

③ 监理单位应认真履行安全监理工作职责，严格落实工程施工旁站制度，督促总包公司和施工单位项目部安全管理人员认真履职尽责，严格审核施工方案和安全技术交底，及时发现并纠正存在的问题。在进行大型机械作业时，应配备现场安全监护人员全程监护，并采取有效措施确保机械施工过程的安全。

④ 建设单位应切实履行工作职责，严格落实安全生产责任，提高安全生产标准，对机械操作加强日常督查力度。

▶2.3.2 施工车站机械伤害事故案例

案例 1：

1. 事故概况

某日，盾构机台车回拖移位作业时，两侧千斤顶下降高度不一致，导致台车失稳，造成人员挤压。事故造成 1 人死亡，直接经济损失约 120 万元。经调查认定，该事故是一起一般安全生产责任事故。

2. 事故经过

某日下午，盾构拆卸班班长带领 2 名作业人员进行盾构机台车回拖移位作业。作业人员 1 蹲在台车左后轮下面、作业人员 2 蹲在台车右后轮下面，班长离开指挥位置站在设备平台上面。顶升移位作业过程中，顶升台车的机械千斤顶在下降时突然倾倒，台车失衡向左侧滑，作业人员 1 腹部被挤压，经抢救无效死亡。

3. 事故原因分析

事故原因分析如图 2.3.1 所示。

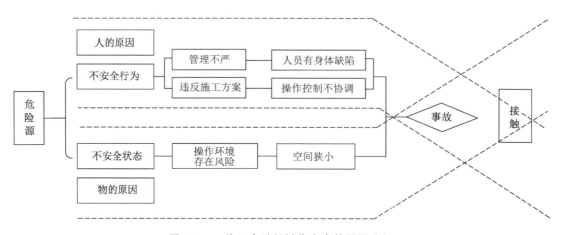

图 2.3.1 施工车站机械伤害事故原因分析

（1）直接原因

千斤顶顶升作业人员违反专项施工作业方案，在狭小空间顶升作业时操作控制不协调、下降高度不一致，造成台车失衡向左侧滑，导致作业人员被挤压受伤，经抢救无效死亡。

（2）间接原因

① 劳务分包单位施工安全管理不严格。

施工现场未配备安全生产管理人员，无人组织指挥。未按施工作业方案组织施工。未按相关规定招聘符合要求的施工现场从业人员。安排听觉和口语表达障碍的从业人员（作业人员1）在狭小空间从事千斤顶顶升危险工作。

② 施工单位安全生产责任不落实。

施工单位针对盾构机台车回拖移位作业施工方案不具体，未制订详细的千斤顶顶升操作方案。未对施工人员进行必要的安全生产教育和培训，未及时发现整改事故隐患。

③ 监理单位安全监理不到位。

监理单位安全监理人员履职不力，未严格审查施工方案和安全技术交底。未及时发现、纠正现场管理人员缺失、施工人员存在身体缺陷等方面的事故隐患。

④ 建设单位安全生产管理不严格。

建设单位未能有效督促施工单位严格落实各项安全规定、落实安全生产责任。

案例2：

1. 事故概况

某日，车站施工现场，作业人员违规进入挖掘机作业区，被挖掘机铲斗碰触。事故造成1人死亡，直接经济损失约150万元。经调查认定，该事故是一起一般生产安全责任事故。

2. 事故经过

某日晚上，车站施工现场，施工人员完成施工作业返程时，途经基坑挖土施工作业区域。施工人员未按照要求走安全通道，而是从长臂挖掘机操作区域穿过，被长臂挖掘机用铲斗直接挖到腰部并提升到一定高度，落回地面后，经抢救无效死亡。

3．事故原因分析

事故原因分析如图 2.3.2 所示。

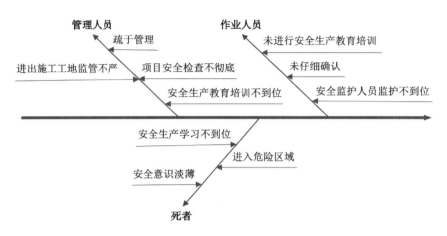

图 2.3.2　施工车站机械伤害事故原因分析

（1）直接原因

施工人员违规进入挖掘机作业区域，被长臂挖掘机铲斗碰撞挤压是本次事故发生的直接原因。

（2）间接原因

① 施工总包单位项目安全管理不到位，对人员进出施工工地监管不严，未能及时掌握人员进出施工工地情况，致使劳务分包单位 5 名新进场工人在未接受项目部组织的安全生产教育培训和安全技术交底情况下进入施工现场作业。对项目安全检查不彻底，明知存在夜间施工而未组织开展夜间施工安全大检查，未能及时发现和消除隐患。

② 施工人员所在劳务分包单位未建立安全生产责任制，安全生产教育培训不到位。对于事发当天新入场的 5 名工人，未及时上报至项目部，未按照要求开展安全生产教育和培训，未明确告知作业场所和工作岗位存在的危险因素及防范措施。

③ 基坑施工分包单位安全生产规章制度和操作规程不健全，未制定挖掘机安全操作规程，未组织安全生产教育培训。对租赁挖掘机配备的司机未进行安全生产教育培训，安全监管不到位。在实施危险性较大的土方开挖作业时，现场安全监护人员监护不到位，未采取有效的安全措施确保施工过程的安全。

④ 挖掘机司机在挖掘作业时未对挖掘作业环境进行仔细确认，未能及时发现施工人员进入挖掘机作业区域。

案例 3：

1．事故概况

某日，施工车站工地，管理人员违规进入吊机回转半径作业区，遭到履带式起重机挤夹。事故造成 1 人死亡。经调查认定，该事故是一起一般生产安全责任事故。

2．事故经过

某日，施工车站工地，施工单位管理人员指挥协助履带式起重机当班司机吊运材料堆场上的部分模架材料到基坑内施工段。吊运过程中，施工单位管理人员突然从履带式起重机右侧履带轮与挡水墙之间宽度仅 0.43 m 狭窄空间进入履带式起重机回转半径作业区，往基坑内施工面抛掷注浆堵漏塑料软管后，趴在挡水墙上观看基坑内吊运材料情况。原地空车回转的履带式起重机后部配重将正趴在挡水墙的施工单位管理人员挤夹在配重底端与挡水墙形成的空隙中，施工单位管理人员经抢救无效死亡。

3．事故原因分析

（1）直接原因

死者身为现场管理人员，思想麻痹、安全意识薄弱、自我保护能力差，不遵守安全生产规定，无视起重运行作业"回转半径内严禁站人"规定，该不安全行为是本起机械伤害事故发生的直接原因。

（2）间接原因

施工单位安全管理不到位，施工现场安全防范、监督检查不落实是这起机械伤害事故发生的间接原因。

案例 4：

1．事故概况

某日，施工车站工地，履带起重机退场清运过程中人字架处于不稳定状态，施工人员贸然进入危险区域查看时人字架掉落。事故造成 1 人死亡，2 人受伤，直接经济损失约 190 万元。经调查认定，该事故是一起一般生产安全责任事故。

2. 事故经过

某日晚上，施工车站工地，施工机械租赁单位在进行履带起重机退场清运作业。回收人字架时发现人字架无法回收到底，于是 3 名作业人员爬上人字架查看是否被其他物体卡住了。该 3 名作业人员发现人字架上无其他物体，在准备下去时，人字架突然掉落下来，将该 3 名作业人员压在了下面，造成 1 人死亡，2 人受伤。

3. 事故原因分析

事故原因分析如图 2.3.3 所示。

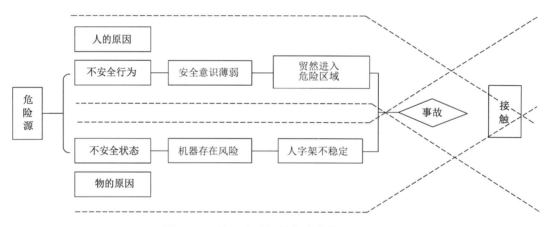

图 2.3.3 施工车站机械伤害事故原因分析

（1）直接原因

作业人员安全意识薄弱，未意识到履带起重机人字架处于不稳定状态，贸然进入危险区域查看情况，人字架突然掉落，最终导致被压身亡。

（2）间接原因

① 施工机械租赁单位未对施工机械退场清运作业人员进行安全交底，现场安全管理不到位，未组织作业人员辨识现场不安全因素，未及时发现生产安全事故隐患。在履带起重机装车运输过程中，未安排人员进行现场管理指导。

② 施工总包单位未有效发挥施工现场统一管理协调的作用。

③ 监理公司安全监理不到位，对现场安全生产缺乏有效监督，未及时督促施工单位加强现场安全管理，未及时发现并制止相关单位的不安全作业行为。

2.4 车辆伤害

▶2.4.1 车辆伤害的相关知识

1. 定义

车辆伤害指企业机动车辆在行驶中引起的人体坠落和物体倒塌、下落、挤压伤亡事故。企业机动车辆包括汽车、电瓶车、拖拉机、有轨车及施工设备车。车辆伤害不包括起重设备提升、牵引车辆和车辆停驶时发生的事故。

造成车辆伤害的形式：

① 机动车辆在行驶过程中对人的直接伤害。

② 地面物体被机动车辆碾压飞溅导致对人的打击伤害。

③ 机动车辆在行驶过程中碰撞车辆、碰撞现场施工设施、碰撞其他设施造成对人的伤害。

④ 机动车辆在行驶过程中载物倒塌或飞落时造成对人的伤害。

城市轨道交通工程施工中导致车辆伤害的机动车主要包括工地现场正在行驶的运输汽车、轨道车和正在使用的翻斗车等施工车辆。

2. 事故致因

（1）人的不安全行为

导致车辆伤害的人的不安全行为主要包括：

① 司机不遵守交通规则在非指定车道行驶、超速行驶、疲劳驾驶、无证驾驶。

② 行人安全意识薄弱，未及时避让行进车辆。

(2) 物的不安全状态、环境因素、管理因素

导致车辆伤害的物的不安全状态、环境因素、管理因素包括：

① 车辆未按时进行日常检修保养，车况不良。

② 施工现场场地杂乱，行车路况差。

③ 现场采光条件差，司机行车视线不佳。

④ 雨、雪、雾等极端气候影响行车安全。

⑤ 管理不到位，行车组织混乱。

3. 预防措施

① 施工单位应认真落实企业安全生产主体责任，做好施工作业现场安全管理工作，制定场内安全行车作业规程；做好外来车辆的行车管理工作；加强司机及其他员工安全教育培训，强化安全意识；杜绝违章驾驶、无证驾驶等行为，严防事故发生。

② 监理公司应严格履行监理职责，加强施工现场安全监督巡查力度，及时制止违规行车行为，对不合理的场内行车管理制度及时提出整改意见。

③ 建设单位应认真贯彻落实安全生产工作，加强对车辆伤害事故隐患的监督、排查和治理。

▶2.4.2 施工车站轨行区车辆伤害事故案例

1. 事故概况

某日，施工车站轨行区轨道车间断性制动失灵，撞击轨行区作业人员。事故造成2人死亡，2人受伤，直接经济损失约290万元。经调查认定，该事故是一起一般生产安全责任事故。

2. 事故经过

事故经过如图2.4.1所示，事故现场情况如图2.4.2所示。

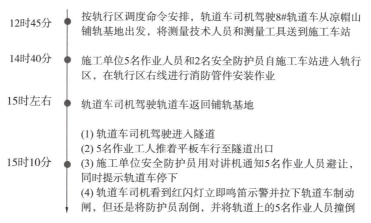

图 2.4.1　施工车站轨行区车辆伤害事故时间轴线图

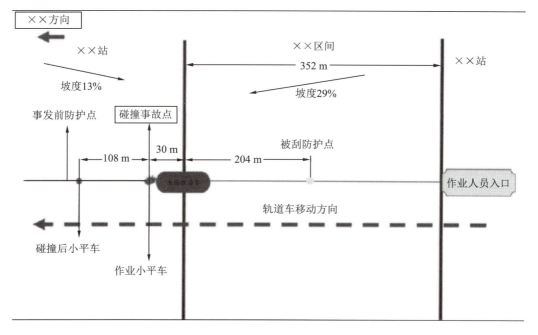

图 2.4.2　施工车站轨行区车辆伤害事故现场示意图

3．事故原因分析

事故原因分析如图 2.4.3 所示。

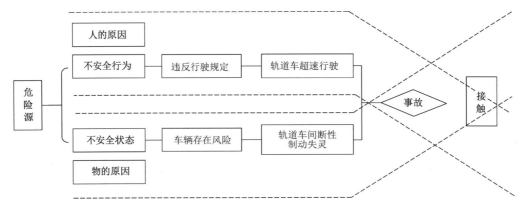

图 2.4.3　施工车站轨行区车辆伤害事故原因分析

（1）直接原因

轨道车间断性制动失灵。事后拆解检查发现主阀和作业阀空心阀杆止口处有风管壁脱落微小铁屑伴随油污，当铁屑进入止口时会导致密封不良，主阀、作业阀间断性制动失灵，进而会发生突发性整车制动失灵。结合检测和论证分析，可以判定轨道车驾驶员李某看到红闪灯示警时，拉下了轨道车制动闸，但由于轨道车制动系统主阀、作业阀发生间断性制动失灵，轨道车未减速停车，碰撞到了轨行区内作业的工人。

（2）间接原因

① 轨道车超速行驶。

据涉事轨道车行驶速度鉴定，涉事轨道车通过视频画面时的行驶速度范围为 23~25 km/h，涉事轨道车在限速 5 km/h 的路段超速行驶。施工单位对轨道车行驶过程中的车速监督约束不严，措施不力，未采取有效防护措施。

② 危险因素辨识能力不足。

地铁施工多为地下封闭施工，作业环境中扬尘较多，轨道车制动系统在长期行驶过程中各部件易积累扬尘和杂质而影响制动性能。施工单位辨识危险因素的能力不足，虽然有安排对轨道车进行维护和保养，但是对车辆制动系统的维护保养不到位，未及时清理阀口积累的扬尘和杂质，造成车辆制动系统间断性失灵，导致事故发生。

▶2.4.3　施工区间车辆伤害事故案例

案例1：

1. 事故概况

某日，机电系统一标段，施工分包单位在某区间进行电缆运输过程中，三轮车拖挂平板车违规进入轨行区作业，三轮车刹车失灵后追尾轨道车，导致平板车脱轨后电缆线盘甩出，造成人员挤压。事故造成现场施工人员1人当场死亡、2人经抢救无效死亡，直接经济损失402.6万元。经调查认定，该事故是一起较大生产安全责任事故。

2. 事故经过

某日上午，施工区间，机电系统施工分包单位进行电缆运输时，在没有取得轨行区作业命令的情况下，环网一队施工队长将三轮车拖挂3辆平板车改装成电缆运输车，装载3盘35 kV电缆，安排无机动车驾驶证的作业人员驾驶三轮车进入隧道右线，环网一队施工队长和另外的16名施工人员也乘坐于该电缆运输车上。

按照轨行区调度命令安排，当晚该区间进行土建工程混凝土施工。事发前，工务施工用轨道车司机驾驶轨道车完成混凝土料斗运输任务归位后，私下同意给环网一队电缆运输车让道，将轨道车驶入隧道右线，车速为8~9 km/h。

电缆运输车到达××站后进入长下坡，司机此时发现车辆刹车失灵，车体失控急速下行。行驶至右线事发下坡转弯段时，遭遇前方行驶的轨道车，三轮车与轨道车随即发生追尾。碰撞后，三轮车及平板车脱出轨道，电缆线盘因强大的惯性从平板车上甩出向前滚落至行进方向右侧排水沟内，挤压住跳车人员，平板车上站立的工人也因惯性甩落至地面和两侧排水沟内，造成现场施工人员1人当场死亡、2人经抢救无效死亡。

3. 事故原因分析

事故原因分析如图2.4.4所示。

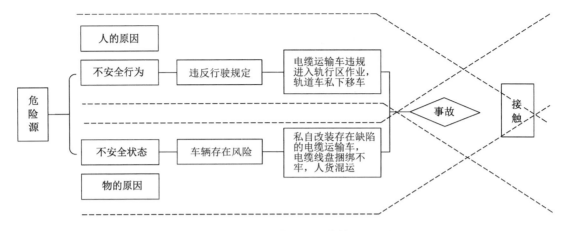

图 2.4.4 施工区间车辆伤害事故原因分析

（1）直接原因

施工分包单位违规使用未经正规设计、自行改装制动装置存在严重缺陷的电缆运输车，违反轨行区作业管理规定，在未取得轨行区作业令的情况下违规进入轨行区作业，与前方违规运行的轨道车发生追尾碰撞，是事故发生的直接原因。运输电缆时电缆线盘捆绑不牢，且人货混装混运，导致事故损失扩大。

（2）间接原因

① 机电施工劳务分包单位未落实安全生产主体责任。

未根据实际施工情况提报施工作业计划。在提报施工作业计划申请时，未根据实际施工区间申请作业令，未提报工程车辆编组计划。

施工人员在运输敷设电缆前，未对经过的通道进行提前检查，特别是对隧道内轨道上有无影响牵引车辆通行的障碍物，照明是否满足等情况不清楚，导致未发现轨行区内前方存在轨道车的事故隐患。

在电缆运输过程中，未将电缆线盘与平板车拉结固定，导致撞车后电缆线盘脱离平板车滚落至轨道旁，加重事故伤害。

② 机电施工总承包单位落实安全生产责任制及规章制度不到位，对施工队伍管理不到位。

安全生产责任制及规章制度落实不到位，对轨行区内的隐患排查不细致，风险防控措施不落实。

施工管理不到位。对管段范围内施工现场的安全工作管理不力，放任劳务分包单位私自改装轨道牵引车和自制放缆车，没有取得作业令擅自进入轨行区作业。施工计划管理混乱，在明知环网一队有大量电缆进场的情况下，未根据实际情况制订合理的施工计划，未向分包单位提供符合要求的轨道车，使分包单位无符合条件的轨道车可以使用。

③ 轨行区管理单位（土建施工单位）对轨行区管理不到位。

对轨行区值班员管理不严格。项目部及分调度室未严格落实值班制度，对值班员培训教育不够，致使当班值班员工作时间擅自离岗，既未向调度室汇报，也未通知下一岗值班员，造成值班员空岗，导致私自改装作业车违规进入轨行区。

对轨行区巡视员、轨道车司机及车长管理不力，导致值班员及巡视员未及时制止环网一队改装车辆运送电缆入场的违规行为。轨道车司机邱某违反轨行区管理实施细则，收受"好处费"，私自将轨道车驶出轨行区，让出路轨。

落实轨行区管理细则不到位，调度人员审核周计划、日计划不细致，对环网一队提报的周、日计划不具体、不明确，以及对从不提报编组计划等行为没有进行询问落实。

④ 机电施工监理单位对施工现场监理不到位。

未对环网一队不按照施工方案进行施工的行为进行监督，也未及时制止其使用违规改装的轨道车运输电缆行为。

审核环网一队上报的施工计划和施工安全防护措施不细致，未考虑施工电缆进场问题，对施工单位轨行区施工与运输计划的现场监理不力。

⑤ 轨道工程监理单位对轨行区交叉作业监理不到位。

对环网一队提报的月、周、日计划审查不细致，对其始终不提报编组计划情况未进行询问落实。

对轨行区施工现场监督不力，未及时纠正或制止违规使用自行改装轨道车的行为。

⑥ 建设单位对项目总体管理不到位。

统一协调管理各施工单位不到位。履行联合调度室职责有漏洞，在机电施工单位轨道车未进入施工标段的情况下，未考虑对轨道车采取统一调配使用。未掌握工程总体进度，审查各施工单位月、周计划不细致，未考虑到机电施工单位动力电缆等施工物资进场问题。

对事故标段项目部的安全检查和监督管理有漏洞。对机电施工单位和土建施工单位违反轨行区管理细则的行为失察，未能采取有效措施督促施工单位严格遵守有关规定。

案例2：

1. 事故概况

某日，右线施工区间，作业人员在进行盾构施工作业时，运输盾构渣土的电瓶车突然断电溜车，挤压作业人员。事故造成1人死亡，直接经济损失约142万元。经调查认定，该事故是一起一般生产安全责任事故。

2. 事故经过

某日晚上，右线区间正在进行盾构施工作业。运输盾构渣土的电瓶车已装满了前四节，电瓶车司机曹某按下启动按钮，准备装第五节。电瓶车刚刚启动，向洞口方向移动一小段距离后突然失去动力，往后发生溜车。曹某随即使用气刹和防溜钩，但制动功能没有起到效用，第五节渣土车将砂浆车撞击脱轨（图2.4.5、图2.4.6）。正在旁边走道进行管片拼装作业的工人被挤在砂浆车与走道板之间。管片拼管作业人员经抢救无效死亡。

图2.4.5 施工区间车辆伤害事故现场

图 2.4.6 施工区间车辆伤害事故现场渣土车

3. 事故原因分析

(1) 直接原因

① 接触不良、外界干扰、环境湿热变化等因素可能导致渣土电瓶车变频器突发极为罕见的技术故障,触发保护功能切断了电源,电瓶车失去动力引发溜车。

② 防溜车钩等紧急制动装置制动功能失效,导致电瓶车在坡道未能有效制停。

(2) 间接原因

① 电瓶车维保单位对渣土电瓶车的维护保养不到位,未及时发现和消除事故隐患,致使渣土电瓶车变频器突发技术故障且防溜车钩等紧急制动装置制动功能失效。

② 施工单位负责人未认真履行安全生产管理责任,未全面督促、检查本单位的安全生产工作,未及时消除生产安全事故隐患。

▶2.4.4 铺轨基地轨行区车辆伤害事故案例

1. 事故概况

某日,铺轨基地轨行区内,作业人员未采取有效避让措施,被轨道车撞倒。

事故造成1人死亡。经调查认定，该事故是一起一般安全生产责任事故。

2. 事故经过

某日，铺轨基地轨行区，劳务公司轨道车司机运送完施工工具后驾驶轨道车返回铺轨基地。

司机驾驶轨道车行驶至某施工车站时，看到前方约40 m行驶轨道上有一辆手推车和几名边沟施工人员，立即按喇叭提醒并采取制动。工人们及时采取了避让措施，但有一位工人未采取有效避让措施而被轨道车撞倒，后经抢救无效死亡。

3. 事故原因分析

（1）直接原因

① 被撞人员安全意识薄弱，缺乏自我防护意识，其他作业人员都采取了有效避让措施，而被撞人员在轨道车接近时未采取避让措施，导致被行进中的轨道车撞倒。

② 轨道车司机焦某未充分预估前方有人不避让的可能，采取制动不果断，导致事故发生。

（2）间接原因

① 劳务公司安全生产主体责任未落实到位，未结合施工现场作业特点对作业人员及时开展作业培训。

② 施工总包单位安全监督管理不到位。

▶2.4.5 车辆段车辆伤害事故案例

1. 事故概况

某日，某车辆段作业人员无证违规驾驶装载机撞倒他人。事故造成1人死亡，1人受伤。经调查认定，该事故是一起一般生产安全责任事故。

2. 事故经过

某日上午，某车辆段工地，外来混凝土车将混凝土运到工地卸载下来，劳务分包单位负责人安排工地上的杂工 1（无装载机操作证）驾驶装载机将混凝土从卸载地点运到施工地点，运输距离为 50 m 左右。其间杂工 1 有事离开，遂将装载机熄火但未拔钥匙。

半小时后，杂工 2 完成电焊作业后收拾电缆线，发现电缆线被装载机压住，于是登上装载机准备挪动一下装载机位置。杂工 2 发现机头前面有人，准备将装载机往后倒退，便将挡位往后挂（实为前进挡）并踩油门，装载机向前冲过去，将装载机前正在粉刷水沟的 2 名作业人员撞倒，其中 1 人伤势较重经抢救无效死亡。

3. 事故原因分析

事故原因分析如图 2.4.7 所示。

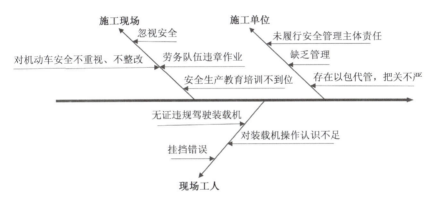

图 2.4.7　车辆段车辆伤害事故原因分析

（1）直接原因

现场工人在对装载机操作认识不足的情况下，无证违规驾驶装载机，导致挂挡错误，撞击现场正在作业的工人。

（2）间接原因

① 劳务分包单位未履行安全管理主体责任。

分包单位未按照分包合同和安全管理协议的约定，严格履行分包单位的安全管理职责，安全管理机构、岗位、人员、职责设置不明晰，安全管理机构及安全管理人员未严格按照法律规定履行隐患排查、安全检查、整改纠违、培训教育等职责，单位主要负责人不具备相应的安全生产知识和管理能力。劳务分包单位负责人违规安排无证人员违章作业。

② 施工总包单位对项目管理不到位。

施工总包单位项目部未有效统筹协调与分包单位项目部的安全管理工作。未严格按照安全标准和安全技术交底要求、特种作业规定及安全交底文件施工，未履行对特种作业人员及作业的管理检查职责，对作业现场存在的特种作业、场内机动车方面的安全问题不加以重视和整改。对分包单位安全管理督促检查不到位，对分包单位项目现场作业人员安全交底教育培训把关不严，存在以包代管现象。项目部在分包工程开工前，未及时向相关单位报审分包单位资格。

③ 监理单位对项目安全巡视不到位。

监理单位在工作中存在巡视检查履职不到位的问题，没有发现特种作业及场内机动车作业安全隐患，也未在分包单位开工前，督促施工单位报送分包单位资格报审表。

案例 3：

1. 事故概况

某日上午，施工区间隧道内，汽车强行通过行驶障碍区导致侧翻。事故造成 1 人死亡。经调查认定，该事故是一起一般生产安全责任事故。

2. 事故经过

某日，施工分包单位第一次进入在建线路施工工地开始作业。现场人员将自卸汽车和槽钢吊运至隧道洞口内，并将十根槽钢吊装至自卸汽车上，由驾驶员将车开至隧道 600 环位置处停放好。

次日下午，监测单位的 3 名作业人员在隧道内做区间断面测量，作业人员 1 被安排在 503 环处看护全站仪，其余 2 人进行移动测量作业。驾驶员被安排至 400 环位置处打扫卫生，其从隧道洞口（848 环）处往 400 环处行走（从西往东）。驾驶员行走至 503 环处时，作业人员 1 让其挪动停在 600 环的汽车，驾驶员遂折返去开汽车。车辆行至 503 环处时，作业人员 1 在 503 环处全站仪的东侧，与车辆相向站立。

驾驶员为避让隧道地面上的基准点和全站仪，驾驶车辆往北面上坡斜行，当车辆尾部行至基准点部位时，车上的槽钢发生下滑，作业人员 1 站在车辆右内侧试图稳住槽钢，驾驶员驾驶汽车试图稳住汽车，但随着多根槽钢的下滑及下滑幅度的增大，车辆发生了侧翻，驾驶员跳车躲避，作业人员1被槽钢压住身体上部。作业人员1最终因伤势过重，经医治无效死亡。

3. 事故原因分析

（1）直接原因

现场驾驶人员和测量作业人员过于自信，在对隧道内行车危险有一定认识的情况下，强行让汽车通过摆放测量仪器形成的行驶障碍区域，从而导致车辆发生侧翻，车上槽钢坠落撞击了测量作业人员，致使1人死亡。

（2）间接原因

① 施工分包单位施工现场管理不到位。

该单位在该项目上的管理人员岗位、职责设置不明晰，未按照分包合同和安全管理协议的约定严格履行分包单位的安全管理职责，未严格按照安全标准和安全技术交底要求施工。

② 监测单位对作业人员管理不规范。

该单位接收职业学校学生实习，未经过学校正规途径，未对实习学生进行充分的教育和培训，未安排固定的公司人员进行"传帮带"，对实习学生岗位、职责设置不明晰，违规让学生单独操作测量仪器。

③ 施工总包单位对项目管理不到位。

施工总包单位项目部对施工现场外来作业人员管理不到位，未有效统一协调、管理与分包单位的安全管理工作，未发现工作中存在的安全隐患。

2.5 触　电

安全用电、预防触电事故是城市轨道交通工程施工安全管理的重要内容。施工机具与机械、现场照明、电气安装、设备调试等都涉及安全用电问题。

▶2.5.1 触电的相关知识

1. 定义

触电事故是指电流流经人体或电弧烧灼,造成生理伤害及衍生伤害的事故,一般表现为电灼伤、触电后坠落、雷击伤害等。

2. 事故致因

(1) 人的不安全行为

施工单位缺乏用电安全教育培训,施工作业人员用电安全意识差、自我防护意识差,未严格按照操作规程进行作业。

(2) 物的不安全状态

施工现场用电设备存在质量缺陷,电线线路存在老化等问题。

(3) 环境因素、管理因素

施工现场场地杂乱,用电安全管理存在漏洞。

3. 预防措施

① 施工单位应确保施工现场用电设施、用电线路的安装达到安装规范和安全操作规范要求。严格根据施工组织设计进行线路的架设施工,不允许出现随意拉线接电的情况。定期对设施和线路进行检查,及时整改发现的隐患。

② 监理单位在监督地铁施工安全用电时,需要针对工程的施工特点及安全要求,成立安全管理领导小组,并结合工程的具体情况制定安全保证体系和安全控制措施,以提高安全用电的管理和组织工作。建立安全质量部门,并安排专职安全检查工程师,配备相应的安全检查人员,重点负责地铁施工安全用电措施的检查和落实,保证地铁施工安全。

③ 建设单位应认真贯彻落实安全生产工作,加强对用电安全事故隐患的监督、排查和治理。

▶2.5.2　施工车站触电事故案例

案例 1：

1. 事故概况

某日，施工车站 C 出口负一层应急照明线路作业时，无证人员在未切断线路供电的情况下进行接电作业，导致触电。事故造成 1 人死亡。经调查认定，该事故是一起一般生产安全责任事故。

2. 事故经过

某日傍晚，施工车站，劳务分包单位电气带班组长兼职安全管理人员，根据工程进度和工作需要，安排作业人员 1、作业人员 2 连接 C 出口的应急照明及大厅广告灯箱插座等工作。

连接应急照明工作的具体内容是将已经敷设好（没有电源）的应急照明线路，接到位于 C 出口负一楼楼梯口一侧的双电源切换箱内的备用开关（带电）上。

安排完工作后带班组长兼职安全管理人员在负一楼工区进行例行工作巡查，两名作业人员来到工作现场。作业人员 1 在双电源切换箱旁边开始应急照明接线，作业人员 2 在距事发现场约 30 m 的大厅进行广告灯箱插座接线。作业人员 1 在接线操作时，不慎触电倒地，经抢救无效死亡。

3. 事故原因分析

事故原因分析如图 2.5.1 所示。

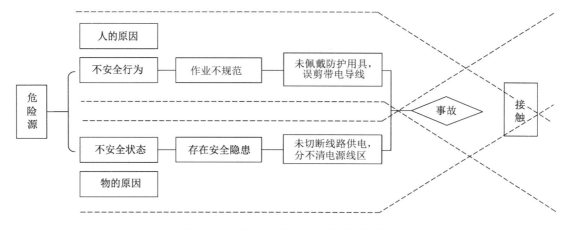

图 2.5.1 施工车站触电事故原因分析

（1）直接原因

作业人员未持电工特种作业人员证上岗，同时未佩戴绝缘手套、绝缘鞋等劳动防护用品，在未切断线路供电的情况下进行接电作业，作业前未使用验电笔确认线路是否带电，误剪带电的导线，导致触电事故发生。

（2）间接原因

① 劳务分包单位管理松懈。

劳务分包单位未对本单位施工队伍安全生产资质和安全保证条件进行有效审查。未对特殊工种从业人员持证上岗严格把关，违规对普工进行电工安全技术交底使用。

安全管理存在漏洞，相关管理人员安全意识淡薄，违章指挥，安排未持有电工特种作业操作证人员进行接电作业。

电工作业不规范，现场部分线路未按色标进行接线，各组电源线无任何区分标识和标记，分组不清，带电与不带电线路处于混合状态。

② 施工单位现场管理缺失。

施工单位未对劳务分包单位安全生产条件进行有效审查和监督。

未对特殊工种从业人员进行有效审查和监督，违反特种作业相关制度，对普工按电工技术交底使用。

安全管理存在漏洞，对事故的发生负有管理责任。

③ 监理单位对事发施工现场监理缺失。

监理单位未认真履行特种作业人员上岗作业的相关国家法律规定，在普工按电工安全技术交底材料上见证签字；未能有效履行监理职责，对未满足复工条件的施工项目签发复工令，施工监理记录与实际不符；未对施工分包单位安全生产条件进行有效监督。

监理单位对事故的发生负有管理责任。

案例 2：

1. 事故概况

施工车站在装修工程中，作业人员未切断回路电源且未做好个人防护措施，进行接驳作业时触电。事故造成 1 人死亡，直接经济损失 180 万元。经调查认定，该事故是一起一般生产安全责任事故。

2. 事故经过

某日上午，施工车站，劳务分包单位作业人员 1、作业人员 2 在站台层从事施工作业。2 人来到站台层西端南侧站台区域，对已安装的吊灯进行调整和紧固，确保灯具保持在同一水平直线上，实现装饰美观的要求。作业人员 1 做灯具调整，作业人员 2 在地面做辅助工作。

中午，2 人完成南站台西端的 5 盏吊灯位置调整后，作业人员 1 提出通电测试调整后的灯具是否都能点亮，随后其前往站厅层配电室合上控制南站台西端的应急照明回路电源开关。2 人发现两盏应急照明吊灯不亮。

为检查应急照明吊灯不亮的原因，作业人员 1 爬上紧靠低压井室的天花板，查看线槽内应急照明线路的情况。在查线的过程中，作业人员 1 发生触电事故。

3. 事故原因分析

事故原因分析如图 2.5.2 所示。

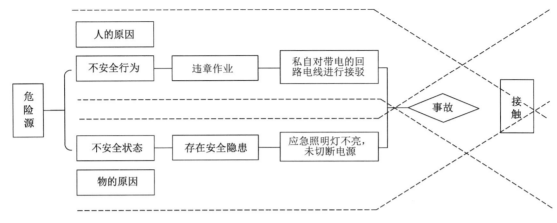

图 2.5.2 施工车站触电事故原因分析

(1) 直接原因

作业人员1安全意识薄弱,违章作业,在其完成事发区域灯具位置调整后,未通知电气调试组调试人员,私自对灯具回路进行通电测试。当其接通灯具电源,发现事发区域应急照明灯不亮后,未按规定切断回路电源,且在未做好个人防护措施的情况下,对带电的回路电线进行接驳作业,导致发生触电事故。

(2) 间接原因

① 劳务分包单位落实企业安全生产主体责任不到位。

劳务分包单位未保证从业人员具备必要的安全生产知识和掌握本岗位的安全操作技能,未督促从业人员严格执行安全生产规章制度和安全操作规程。驻项目现场负责人事发前离开工地回老家,事发后第二天回到深圳工地。其间施工单位未发现其离开且未安排其他人员履行现场负责人工作职责,未检查施工现场安全生产状况,未及时制止工人违反规章制度和安全操作规程的行为,未及时消除事故隐患。

② 施工单位对涉事劳务分包单位的安全生产工作统一协调、管理不到位。

施工单位未督促劳务分包单位严格执行项目部安全生产规章制度和安全操作规程,未及时发现劳务分包单位现场负责人离岗且无人替岗的问题,未督促劳务分包单位及时整改。

案例3:

1. 事故概况

某日,施工车站安装装修工地发生一起触电事故。事故造成1人死亡,直接经济损失 170 万元。经调查认定，该事故是一起一般生产安全责任事故。

2. 事故经过

某日上午，劳务分包单位作业人员 1、作业人员 2 和作业人员 3 在施工站厅设备区敷设线缆。作业人员 3 负责把整盘的线放开，5 根扎成一股。作业人员 1 和作业人员 2 搭档敷设电缆。敷设第 3 个回路时，作业人员 2 坐在桥架上拉电缆，作业人员 1 站在人字梯上放电缆。随后，有人到机房找作业人员 1 时，发现作业人员 1 站在人字梯上没有动静，便喊作业人员 2、作业人员 3 一起将作业人员 1 从人字梯上搬下来，作业人员 1 后经医院抢救无效死亡。

3. 事故原因分析

（1）直接原因

在防护措施不到位的情况下，作业人员 1 在铁制人字梯上放电缆时，不慎碰到带电的电缆线头，触电导致死亡。

（2）间接原因

① 施工单位现场安全管理缺位。

施工单位未严格按照安全标准和特种作业规定施工，未履行对特种作业人员及作业的管理检查职责，对作业现场存在的特种作业的安全问题不加以重视和整改，对劳务班组"以包代管"，致使劳务班组中违章指挥、违章作业的现象存在。

② 监理单位安全管理不到位。

监理单位对作业现场安全环境监管不到位，未及时发现和消除环境改变带来的安全隐患。作业前未再次进行有效的安全技术交底，未专门制定操作规程，未审核从事特种作业的人员资格，未为从业人员提供符合国家标准或者行业标准的劳动防护用品。

2.6 高处坠落

在土木工程施工中,高处坠落事故的发生率很高、危险性极大。地铁的深基坑工程中,高处坠落事故也常有发生。

▶2.6.1 高处坠落的相关知识

1. 定义

按照国家标准《高处作业分级》(GB/T 3608—2008)规定:在距坠落高度基准面2 m或2 m以上的可能坠落的高处进行的作业,都称为高处作业。在高处作业中,如果未防护、防护不好或作业不当都可能发生人或物的坠落。人从高处坠落的事故,称为高处坠落事故。

2. 事故致因

(1) 人的不安全行为

作业人员违章作业是高处坠落的主因之一。如:

① 不具备高处作业资格(条件)的人员被指派或擅自从事高处作业。

② 擅自拆除安全防护设施。

③ 拆除脚手架、井字架、塔吊或模板支撑系统时无专人监护且未按规定设置相应防护措施。

④ 高处作业时不按劳动纪律规定穿戴好个人劳动防护用品(如安全帽、安全带、防滑鞋)。

⑤ 不按规定的通道上下进入作业面,随意攀爬有高处坠落风险的非规定通道。

此外,作业人员的操作失误也会导致高处坠落事故。如:

① 在洞口、临边作业时因踩空、踩滑而坠落。

② 在转移作业地点时因没有及时系好安全带或安全带系挂不牢而坠落。

③ 作业人员配合失误而导致相关作业人员坠落。

④ 误进入危险区域而坠落。

(2) 物的不安全状态

物的不安全状态主要包括：

① 高处作业的安全防护设施安装不合格，如临边、洞口、操作平台周边等高危部位。

② 高处作业的安全防护设施构配件存在质量缺陷或被磨损、老化、锈蚀，导致刚度和强度不足产生破坏或大的变形，如防护栏杆的钢管、扣件、吊篮脚手架的钢丝绳、施工脚手板、电动葫芦等。

③ 整体提升脚手架、施工电梯等设施设备的防坠装置失灵。

④ 劳动防护用品存在质量缺陷，未能有效发挥防护作用，如高处作业人员的安全帽、安全带、安全绳、防滑鞋等。

3．预防措施

(1) 建筑单位应强化安全管理意识，定期组织工人体检

按《建筑安装工人安全技术操作规程》［（80）建工劳字第24号］有关规定，从事高处作业的人员要定期体检，凡患高血压、心脏病、贫血病、癫痫病及其他不适合从事高处作业的人员不得从事高处作业。

(2) 施工单位应落实企业主体责任，建立健全安全生产责任制度

① 督促本单位的工作人员遵守安全生产法律法规和操作规程，督促安全管理人员认真履行职责。

② 强化对施工现场的风险管控，加强施工现场安全督查力度，杜绝无高处作业资格（条件）人员从事高处作业，杜绝违章作业。

③ 采取周密防护措施，除在危险部位设置护栏、立网、满铺架板、盖好洞口外，还应在操作人员下方设平网。

④ 加强作业人员高处作业安全教育培训，强化作业人员自我安全保护意识，强化安全防护用品（安全帽、安全带、防滑鞋）的使用和管理。

⑤ 各类脚手架及垂直运输设备搭设、安装完毕后，未经验收禁止使用。

⑥ 随施工进度，及时完善各项安全防护设施，各类竖井安全门栏必须设置

警示牌。

⑦ 重点部位项目，严格执行安全管理专业人员旁站监督制度。

(3) 监理单位应按照法律法规和工程建设强制性标准实施监理

监理单位应严格执行监理程序，在实施监理过程中，发现存在安全事故隐患的，应当要求施工单位整改；情况严重的，应当要求施工单位暂时停止施工，并及时报告建设单位。

▶2.6.2 施工车站高处坠落事故案例

案例1：

1. 事故概况

某日，施工车站因作业人员违章作业导致贝雷梁（图2.6.1）倾倒，发生高处坠落事故。事故造成3人死亡，直接经济损失390万元。经调查认定，该事故是一起较大生产安全责任事故。

图2.6.1 贝雷梁示意图

2. 事故经过

某日上午，施工车站明挖段，3名作业人员站在已浇筑并已拆除了模板、木枋、116b#工字钢的第一道第 5 号现浇钢筋混凝土横向内支撑上进行模板支撑体系贝雷梁拆除作业。作业队长指挥另外两名作业人员，用气焊切割解除现浇钢筋混凝土横向内支撑左右两侧贝雷梁之间的连接槽钢，先切割解除了两组贝雷梁之间的下部连接槽钢，再切割解除了两组贝雷梁之间的顶面连接槽钢。

在切割解除完顶面最后一根横向连接槽钢的一端后，在切割另一端时，两组贝雷梁突然向大桩号方向倾倒。大桩号侧的贝雷梁变形坠入基坑底面，小桩号侧的贝雷梁倾倒在已浇筑的第一道第 5 号现浇钢筋混凝土横向内支撑上，将站在该现浇钢筋混凝土横向内支撑上的 3 名作业人员挤落入基坑底面。

经确认，作业队长一人当场死亡，另外两名作业人员受伤后送医院经抢救无效死亡。

施工车站高处坠落事故中贝雷梁拆除作业操作流程如图 2.6.2 所示。

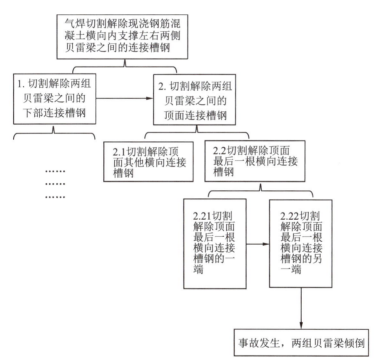

图 2.6.2　施工车站高处坠落事故中贝雷梁拆除作业操作流程

3．事故原因分析

事故原因分析如图 2.6.3 所示。

图 2.6.3 施工车站高处坠落事故原因分析

(1) 直接原因

① 作业人员违章作业。

施工现场作业人员在拆除贝雷梁过程中，未按安全专项施工方案和安全技术交底的要求施工，违章作业，在吊车未到位且缺少有效稳定措施的情况下，擅自提前拆除两组贝雷梁之间的横向连接槽钢。

两组贝雷梁之间的横向连接槽钢在安装和使用过程中，因受力变形产生一定的附加应力，当两组贝雷梁之间的横向连接槽钢被切割拆除分离时，贝雷梁和两组贝雷梁之间的横向连接槽钢的附加应力突然释放。两组贝雷梁平面上向大桩号方向略有弯曲，导致贝雷梁向大桩号方向倾倒，发生较大事故。

② 作业人员未按要求佩戴安全带。

作业人员在拆除贝雷梁过程中，未按规范、安全专项施工方案和安全技术交底的要求组织施工，未正确佩戴安全带。

综上所述，作业人员在拆除贝雷梁过程中违章作业且未按要求佩戴安全带是此次较大事故发生的直接原因。

(2) 间接原因

施工单位企业主体责任落实不到位，主要表现在：教育和督促从业人员严格执行安全生产规章制度和安全操作规程不力。

案例 2：

1. 事故概况

某日上午，施工车站吊车司机违章起吊导致吊运货物剐蹭他人致其坠落。事故造成 1 人死亡。经调查认定，该事故是一起一般生产安全责任事故。

2. 事故经过

某日上午，车站施工工地，劳务分包单位班组长和 4 名工人准备卸货。班组长拦住吊车司机商量临时帮忙卸货，吊车司机在请示老板谈好价格后，同意帮忙卸货。吊车司机操作吊车从货车上卸货，班组长等人将卸下的9个广告灯箱捆扎在一起，准备将其从风亭井口吊运至井下。

广告灯箱捆扎完毕后，劳务分包单位作业人员爬上去挂钩，其他人在下面协助。在吊车司机试吊并确认货物已捆扎好后，劳务分包单位作业人员从货物上下来，班组长让其他3人从地铁出入口到井下卸货，自己走到井口观望下方是否有人。吊车司机看到众人走开，便操作吊车将广告灯箱吊至井口，这时劳务分包单位作业人员发现班组长从井口坠落。班组长经医院抢救无效死亡。

3. 事故原因分析

事故原因分析如图2.6.4所示。

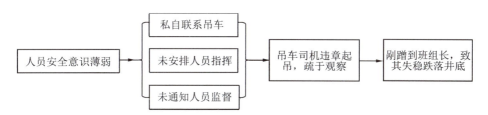

图2.6.4　施工车站高处坠落事故原因分析

（1）直接原因

吊车司机违章起吊，且疏于观察，吊运的货物剐蹭到趴在井壁观察情况的班组长，致其失稳跌落井底。

（2）间接原因

① 劳务分包单位班组长，安全意识淡薄，私自联系吊车进行卸货，且未安排人员指挥吊车吊运工作。到达工地后未按规定通知单位场地负责人到场进行卸货监督工作。

② 施工总包单位落实总包管理责任不到位，对所属施工场地安全管理不严格，没有及时发现相关作业人员在场地上违章作业。

2.6.3 车辆段高处坠落事故案例

1. 事故概况

某日,某车辆段综合楼9号楼,作业人员在进行通信线管转运作业时发生一起高处坠落事故。事故造成1人死亡,直接经济损失约110万元。经调查认定,该事故是一起一般生产安全责任事故。

2. 事故经过

某日上午,作业人员在某车辆段综合楼9号楼12层进行通信系统预埋管、桥架施工作业。施工材料通过施工升降机运至12层,后由作业人员1负责从施工升降机轿厢中搬出,传递给作业人员2转运至室内堆放。往返几次后,作业人员2再次回到阳台接材料时,从阳台边沿与施工升降机轿厢间隙处发现作业人员1已经坠落于地面施工升降机立柱旁。经检查确认,作业人员1已经死亡。

3. 事故原因分析

(1) 直接原因

作业人员1从施工升降机轿厢内反复向12层拖运钢管材料,致使衔接平台的防护木板松动脱落,在继续转运时不慎坠落至地面,导致死亡。

(2) 间接原因

施工单位未严格落实企业安全生产管理主体责任,未对施工现场及人员的作业情况实施有效监管。

2.7 物体打击

▶2.7.1 物体打击的相关知识

1. 定义

物体打击是指失控的物体在惯性力或重力等其他外力的作用下产生运动，打击人体而造成人身伤亡事故。

地铁施工中较常见的是由起重机械、挖掘机械或拆除工程引起的物体打击事故。

2. 事故致因

（1）人的不安全行为

人的不安全行为包括：

① 作业人员未按劳动纪律规定穿戴好个人劳动防护用品（如安全帽、安全带、防滑鞋）。

② 作业人员未遵守施工现场安全管理要求，擅自进入危险区域。

③ 起重吊运、移动机位、拆除工程等作业时，无专人指挥或错误指挥。

④ 作业人员违规操作，随意抛掷施工工具和材料。

（2）物的不安全状态

物的不安全状态包括：

① 起重机、钻机、挖掘机等机械未严格执行规范要求作业。

② 施工现场防护设施不到位，如高空脚手板铺设不规范，防护网不严密，存在物体坠落漏洞。

③ 施工现场杂乱，物料等未有序堆放或堆放于临边及洞口附近，施工工具随意乱放，施工管线布置混乱且位于作业人员活动区域。

④ 施工现场无相关警示标志。

3. 预防措施

（1）施工单位应采取的预防措施

施工单位应认真落实企业安全生产主体责任，做好施工作业现场安全管理工作。针对物体打击事故，可采取的预防措施：

① 加强作业人员的安全教育和培训，提高员工安全意识和安全知识水平。

② 完善施工机械安全操作规程，对施工机械进行定期的维护、保养及检修，消除事故隐患。

③ 加强作业现场的安全监管，严格管控进入施工现场的人员。

④ 日常配备应急物资，如简易担架、跌打损伤药品、纱布等。

⑤ 针对物体打击事故建立应急预案，如现场包扎、止血、送医等措施。

（2）监理单位应采取的预防措施

监理单位应落实安全监理责任，对施工现场质量、安全工作监理到位。加强施工机械的监督检查，消除机械存在的事故隐患。对施工人员资质和健康状况严格把关，对施工现场特种作业人员严格管理。

（3）建设单位应采取的预防措施

建设单位应严格落实企业安全生产主体责任，落实安全生产管理制度，加强安全培训教育、隐患排查治理、现场安全管理等基础工作。

▶2.7.2 施工车站物体打击事故案例

案例 1：

1. 事故概况

某日，施工车站工地，施工人员在开挖、清运渣土时，液压抓斗机抓斗中的桩头掉落，砸中钢支撑导致支撑钢管折断、坠落，砸中挖掘机驾驶室（图2.7.1）。事故造成 1 人死亡，直接经济损失约 190 万元。经调查认定，该事故是一起一般生产安全责任事故。

图 2.7.1　施工车站物体打击事故现场

2. 事故经过

某日晚上，土石方工程分包单位施工人员到施工车站工地进行开挖、清运渣土作业。作业时，施工人员 1 和施工人员 2 负责在基坑内操作小型挖掘机挖出土方并转运至液压抓斗机可以抓取处，施工人员 3 负责在地面操作液压抓斗机将挖出的土方提升至基坑外侧，卸到渣土车内。

次日上午，挖掘机将一块混在土方里面的抗拔桩桩头转运至土方堆放处，在施工人员 3 操作液压抓斗机将该抗拔桩桩头吊运至基坑顶部的过程中，桩头突然掉落，砸中第二道钢支撑第 13 号支撑钢管（图 2.7.2）后反弹，再继续坠落砸中下方第四道钢支撑第 12 号支撑钢管（图 2.7.3），导致该支撑钢管从法兰连接处折断、坠落，砸中施工人员 2 操作的挖掘机驾驶室。施工人员 2 经抢救无效死亡。

图 2.7.2　第二道钢支撑第 13 号支撑钢管

图 2.7.3　第二、四道钢围檩

3. 事故原因分析

（1）直接原因

液压抓斗机抓斗（图 2.7.4）无法完全将抗拔桩桩头（图 2.7.5）收入抓斗内，抓斗处于半合拢状态，只靠斗齿卡住抗拔桩桩头。吊运至基坑顶部时，因抓斗收臂、举高、转动，抓斗的夹持力（摩擦力）无法抓紧抗拔桩桩头，导致桩头掉落，砸中第二道钢支撑第 13 号支撑钢管后反弹，再继续坠落砸中下方第四道钢支撑第 12 号支撑钢管，致使该支撑钢管从法兰连接处折断、坠落，直接砸中基坑内作业的挖掘机驾驶室，造成挖掘机司机（施工人员 2）死亡。

图 2.7.4　事发液压抓斗机及抓斗尺寸

图 2.7.5 事发抗拔桩桩头

（2）间接原因

① 土石方分包单位安全管理存在问题。

未按规定配备具备与本单位所从事的生产经营活动相应的安全生产知识和管理能力的项目管理人员；未设置专职安全管理人员对专项施工方案实施情况进行现场监督。

② 施工总包单位安全管理存在问题。

未对分包单位安全管理机构及人员进行严格审核；对分包单位施工现场的统一协调、管理不到位，未及时发现和消除作业现场存在的安全隐患。

③ 监理公司未全面履行安全监理工作职责，未按规定实施土石方开挖监理巡视工作。

案例 2：

1. 事故概况

某日，施工车站吊装作业过程中，吊物捆扎不规范，人员违规进入警戒区，导致吊物脱落（图 2.7.6）。事故造成 1 人死亡，直接经济损失约 150 万元。经调查认定，该事故为一般生产安全责任事故。

图 2.7.6 施工车站物体打击事故现场还原航拍图

2. 事故经过

事故经过如图 2.7.7 所示。

19时25分	专业分包单位信号司索工、履带起重机司机、普工、焊工4人至车站卸货
19时33分	钢支撑运输货车到达卸货位置附近
19时49分	4人开始钢支撑吊装卸货,分别负责司索指挥、操作履带起重机、在货车上进行货物挂钩、在地面上进行货物解钩
19时53分	施工总包单位值班人员来到吊装区域,确认卸货位置
19时57分	开始进行吊装作业,作业时同时起吊两段钢支撑,未按照规范要求捆扎
20时14分	司索指挥员在吊装作业进行期间离开吊装区域,吊装作业仍继续进行
20时27分	起吊另外两段钢支撑时,仍未按照规范要求捆扎
20时28分	当吊物钢支撑正在下放时,货物解钩人员进入吊物下方徒手去扶钢支撑,此时两段钢支撑突然错位,砸中其头部,货物解钩人员随即倒地
20时44分	120急救车到达事故现场,经120医务人员现场检验,货物解钩人员身亡

图 2.7.7 施工车站物体打击事故时间轴线图

3. 事故原因分析

事故原因分析如图 2.7.8 所示。

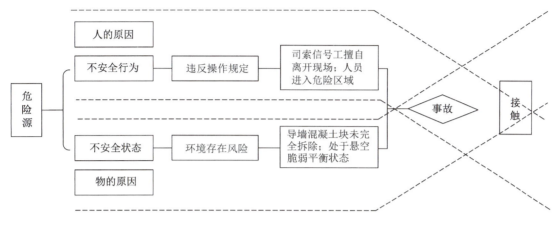

图 2.7.8 施工车站物体打击事故原因分析

（1）直接原因

① 吊装作业组织者兼司索信号工在吊物捆扎不规范的情况下继续指挥作业，且未进行技术交底擅自离开吊装作业现场。

② 普工安全意识薄弱，违反吊装作业安全操作规程，多次进入履带起重机作业半径内作业，受捆扎不规范的吊物打击，导致事故发生。

（2）间接原因

① 分包单位未有效落实安全生产主体责任。

现场安全管理缺位。分包单位项目负责人未到工地现场进行管理，存在"挂名"现象。主要负责人对项目负责人不到位、不在岗现象疏于管理。安全管理和检查不到位，未及时发现并制止违规作业行为。

安全教育流于形式。分包单位安全教育培训和安全技术交底不到位，日常安全教育培训和安全技术交底流于形式。

② 履带起重机设备租赁单位未依法履行本单位安全生产管理职责，未督促从业人员开展有效的安全生产教育和安全交底，对作业人员的安全教育培训、安全技术交底流于形式。

③ 施工总承包单位缺少对分包单位的管理，未有效发挥施工现场统一管理协调作用，安全生产责任制、安全措施未有效落实。

④ 监理单位安全监理不够到位。监理单位的现场监理人员未有效履行职责，对安全生产工作重视不够，未及时督促建设、施工等单位加强现场安全管理和落实安全生产主体责任，未及时发现并制止相关单位不安全作业，未及时消除事故隐患。

⑤ 建设单位督促管理不够有效。建设单位未有效督促施工总包单位负起统一管理责任，未有效督促施工、监理等相关单位落实施工现场安全管理。

案例3：

1．事故概况

某日，施工车站，作业人员遇台风天气违规操作移动带病桩机，导致桩机倾覆。事故造成1人死亡，直接经济损失200万元。经调查认定，该起事故为一般生产安全责任事故。

2．事故经过

某日上午，施工车站西区端头加固高压旋喷桩施工班组作业人员来到施工现场，按照平时工作惯例，将高压旋喷桩机向南侧开始移机至施工点位，同时让出北侧施工道路。

操作工启动桩机时桩架发生大幅度晃动，向南移动约2 m后桩机停下。7时15分左右，桩机突然向北倾覆，砸到由西往东行驶的一辆机动车辆（图2.7.9），造成驾驶员重伤受困。驾驶员经抢救无效死亡。

图2.7.9 施工车站物体打击事故现场

3. 事故原因分析

事故原因分析如图 2.7.10 所示。

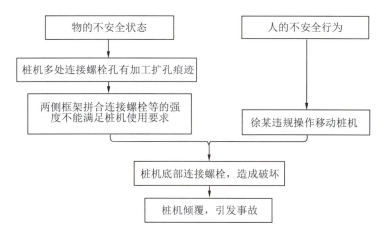

图 2.7.10 施工车站物体打击事故原因分析

（1）直接原因

事故桩机多处连接螺栓孔有加工扩孔痕迹，两侧框架拼合连接螺栓等的强度不能满足桩机使用要求，出现剪切破坏的情况，底架等部件被破坏。钢走管表面有砼残渣，造成移动不顺滑，引起晃动。徐某违规操作移动桩机，导致桩机大幅度晃动后对桩机底部连接螺栓造成破坏，导致桩机倾覆，引发事故。

（2）间接原因

① 劳务分包单位未落实安全生产主体责任。

劳务分包单位安全意识薄弱，对本单位的安全生产工作督促、检查不到位。将高压旋喷桩施工发包给个人班组，并租用个人提供的高压旋喷桩机，未能消除高压旋喷桩机存在的事故隐患。明知桩机操作工徐某特种作业人员操作资格证过期，却故意隐瞒无证上岗情况。对桩机的日常检修、维保不到位。事故桩机产权人和高压旋喷桩承包人，提供的高压旋喷桩机产品结构质量存在缺陷，雇佣特种作业操作资格证过期的操作工上岗操作高压旋喷桩机。

② 施工总包单位安全管理措施落实不到位。

施工总包单位未严格落实建设主管部门关于台风 3 级预警响应的停工要求。未能消除高压旋喷桩机存在的事故隐患。对桩机操作工无证上岗情况在知情后未及时制止。未对实际桩机操作工进行桩工机械操作安全技术交底。

③ 监理公司落实监理责任不到位。

监理公司未严格落实建设主管部门关于台风 3 级预警响应的停工要求。监理在日常检查中未能发现桩机操作工无证上岗情况。

④ 建设单位落实安全生产管理责任不严。

建设单位对参建的施工、监理单位安全管理不严，督促施工、监理单位落实企业主体责任不到位。对台风 3 级预警响应措施落实不力。

▶2.7.3 停车场出入段物体打击事故案例

1. 事故概况

某日，某停车场出入段线堆场，作业人员违章拆解导致贝雷梁失稳倾倒。事故造成 1 人死亡，直接经济损失 130 万元。经调查认定，该起事故为一般生产安全责任事故。

2. 事故经过

某日，某停车场出入段线堆场，施工单位安排作业负责人带领 2 名作业人员拆解工区内的贝雷梁等周转材料。

作业负责人拟定的贝雷梁拆解工序：逐行拆除组成梁体的贝雷片，先逐片拆除梁体上连接每行贝雷片的支撑架，仅保留梁体一侧的支撑架，再使用叉车的叉角顶住贝雷片的上部弦杆，卸除侧端支撑架与贝雷片的上下两个螺栓，叉车后退并使整行贝雷片缓慢放倒于提前放置在地面的方木上。

随后，贝雷梁南侧整行的贝雷片上的固定螺栓基本拆除完毕。作业负责人准备在拆除完贝雷片最西侧上下弦杆上的两颗固定螺栓后，将整行贝雷片放倒。因此，作业负责人安排另外 2 名作业人员去工地其他地方寻找用于垫放贝雷片的方木，自己留在原地。

约半小时后，2 名作业人员再回到贝雷梁拆解作业处时发现作业负责人躺在地上，被倾倒的一行贝雷片压在下方，头部和嘴里有血流出。作业负责人经抢救无效死亡。

3. 事故原因分析

（1）直接原因

作业人员在地面违章拆解贝雷梁时，被已经拆除固定螺栓失稳倾倒的贝雷片砸中，经抢救无效死亡。

（2）间接原因

① 施工单位对施工作业现场安全管理缺失，未及时发现并排除工作场所的事故隐患，未认真编制贝雷梁拆解的技术方案，未制定贝雷梁拆解的施工作业安全操作规程，未规范组织作业人员进行技术交底。

② 施工单位物资中心材料员，作为事发贝雷梁的产权管理人员，未按照要求对贝雷梁的拆解作业进行监督管理。

③ 施工单位负责人未对作业管理区域内的施工安全进行有效管理。

④ 施工单位技术人员未按规定认真编制贝雷梁拆解技术方案并规范交底。

⑤ 施工单位专职安全员未及时发现并制止现场违章作业的隐患。

2.8 有限空间内中毒、窒息

▶2.8.1 有限空间内中毒、窒息的相关知识

1. 定义

有限空间是指封闭或者部分封闭，与外界相对隔离，出入口较为狭窄，未被设计为固定工作场所，自然通风不良，易造成有毒有害、易燃易爆物质积聚或氧含量不足的空间。

2. 事故致因

① 有限空间内部通风不良，容易造成有毒有害、易燃易爆气体的积聚或

缺氧。

② 因空间狭小，出入口狭窄，不利于作业人员逃生或外部救援。

③ 作业人员对有限空间事故缺乏深刻认知，缺乏安全意识。

3. 预防措施

（1）施工单位应采取的预防措施

施工单位应切实履行安全生产主体责任，建立健全安全生产管理制度。针对有限空间作业的安全管理措施：

① 落实有限空间作业审批制度。

② 严格遵守"先通风、再检测、后作业"的原则。经检测，有限空间的危险有害因素符合《工作场所有害因素职业接触限值第1部分：化学有害因素》（GBZ 2.1—2019）安全标准要求后，方可进入有限空间作业；检测的时间不得早于作业开始前30分钟；检测指标包括氧浓度、易燃易爆物质（可燃性气体、爆炸性粉尘）浓度、有毒有害气体浓度；检测时应记录检测的时间、地点、气体种类、浓度等信息，检测记录经检测人员签字后存档。

③ 作业时应采取通风措施，保持空气流通，禁止采用纯氧通风换气。

④ 作业过程中应对作业场所中的危险有害因素进行定时检测或者连续监测。作业中断超过30分钟，作业人员再次进入有限空间作业前，应当重新通风、检测合格后方可进入。

（2）监理单位应采取的预防措施

监理公司要认真履行监理合同约定，依法开展监理业务，严格履行监理职责，针对有限空间施工安全风险加强督促检查，确保安全生产。

（3）建设单位应采取的预防措施

建设单位要落实建设单位的安全管理职责，针对有限空间施工安全风险细化管控措施，并督促各施工单位认真落实。

▶2.8.2 施工线路中毒、窒息事故案例

1. 事故概况

某日，施工线路分包单位在拆除污水管道堵头过程中，作业人员先后被管内

污水冲走，事故造成 2 人死亡、1 人下落不明，直接经济损失约 400 万元。经调查认定，该起事故为一般生产安全责任事故。

2. 事故经过

某日上午，1 名在某处污水管道进行施工作业的工人，到正在进行地表沉降监测作业（距离事发污水井约 50 m）的 3 名测量员面前，告知其 2 名工友在井下施工时沼气中毒，请求帮助救人。

3 名测量员先后来到井口，与求助工人一起拉动安全绳救人。由于安全绳受井下水流影响阻力很大，无法拉动。于是求助工人戴上头灯，沿井壁下到井内救人。测量员进行了阻止，但该求助工人未予理睬坚持下井，最终求助工人被管内污水冲走。

3. 事故原因分析

（1）直接原因

现场作业人员违章作业，进入污水井下作业未落实"先通风、再检测、后作业"的操作规程，不佩戴潜水装备下井作业，是这起事故发生的直接原因。

（2）间接原因

① 地铁施工单位安全生产主体责任落实不到位。制度性文件执行不到位，项目人员职责分工不清晰，制定的相关检查制度、交底制度、培训制度无针对性。项目工区安全员无证上岗，以包代管问题突出，污水管道堵头拆除专项施工方案制订不及时，施工现场管理缺失。堵头拆除时生产及安全管理人员均未到现场，技术交底流于形式。

② 施工分包单位以其他方式允许他人以本企业名义承揽工程，未对该工程的施工活动进行组织管理，导致施工现场管理缺失，作业人员违章作业和盲目施救。

③ 监理单位监理人员配备不足，部分投标监理人员未实际到岗履职，监理人员调整后未履行变更手续。关键工序卡控不严，未将污水管道封堵、拆除等重点工序纳入日常安全巡查，且无相关巡查记录。对该污水管道堵头拆除专项施工方案审批把关不严，堵头施工作业未审批完成便实施，监理人员明知违规，但未予以制止。

④ 建设单位安全督查检查不到位，对施工单位安全员无证上岗等问题失察。

复习思考题

1. 城市轨道交通建设期的常见事故有哪些？各有什么特点？哪几类事故容易造成大的损失？

2. 根据位置的不同坍塌可以分为哪些类型？发生坍塌的原因是什么？

3. 什么是涌水涌沙？地铁施工中容易出现涌水涌沙的位置有哪些？

4. 针对机械伤害、车辆伤害、物体打击伤害，现场作业人员安全培训的要点有哪些？

5. 针对高处坠落的现场预防措施有哪些？

6. 现场作业人员进行电网、线路等检修时，应如何做好安全防范？

7. 为了预防建设期事故的发生，施工单位、监理单位、建设单位分别应采取哪些措施？

第 3 章　运营期事故

【学习目的与要求】

通过本章的学习，应当能够了解并掌握：
1. 城市轨道交通运营期常见事故的类型、特点；
2. 城市轨道交通运营期事故的主要成因及预防措施；
3. 城市轨道交通运营单位各岗位的安全防控职责。

3.1　雨水倒灌

地铁工程因设置在地下，当遭遇连续暴雨等极端气候且排水不畅时，容易导致雨水倒灌事故。

▶3.1.1　雨水倒灌的相关知识

1. 定义

雨水倒灌的常规意思是雨水通过排水管道倒流，从雨水排水口冒出。

地铁雨水倒灌指雨水通过地铁车站出入口、车辆段出入段口、地铁中与地表联通的各类管井、管廊等部位流入车站和区间。

2. 事故致因

短时强降雨导致地铁车站排水设施无法满足排水要求,无法将雨水全部排出。

3. 预防措施

① 按《地铁设计规范》(GB 50157—2013)规定:地下车站出入口、消防专用出入口和无障碍电梯的地面标高,应高出室外地面 300~450 mm,并应满足当地防淹要求。当无法满足时,应设防淹闸槽,槽高可根据当地最高积水位确定。

风亭口部底边缘距地面的高度应满足防淹要求。当风亭设于路边时,其高度不应小于 2 m;当风亭设于绿地内时,其高度不应小于 1 m;当采用顶面开设风口的风亭时,风亭四周应有宽度不小于 3 m 宽的绿篱,风口最低高度应满足防淹要求,且不应小于 1 m。

② 当地铁位于泄洪区、可能被洪水淹没的地区,或位于城市低洼地段时,需提高防淹设计标准。可在地铁出入口预留封堵措施,风井根据防洪标准提高风口位置,如有必要可设置防淹门,具体设计参照行业标准《地铁隧道防淹门》(CJ/T 453—2014)。

▶3.1.2 车站雨水倒灌事故案例

案例 1:

1. 事故概况

某日,某列车行驶至上行区间时遭遇涝水灌入(图 3.1.1)、失电迫停。经疏散救援,953 人安全撤出,14 人死亡。经调查认定,该事故是一起重大生产安全责任事故。

图 3.1.1 雨水倒灌事故现场

2. 事故经过

某日,因持续遭遇极端特大暴雨,致轨道交通某停车场及其周边区域发生严重积水现象。该日傍晚,积水冲垮出入场线挡水墙进入正线区间,导致一列列车被洪水围困。经全力施救,共有 14 名乘客不幸遇难。

3. 事故原因分析

事故原因分析如图 3.1.2 所示。

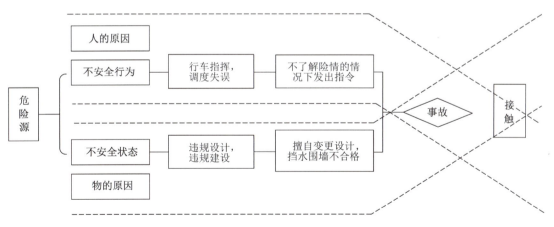

图 3.1.2 雨水倒灌事故原因分析

(1) 直接原因

行车指挥调度失误。某日傍晚,涝水冲倒停车场出入场线洞口上方挡水围墙，急速涌入地铁隧道。因道岔发生故障报警，列车在某站被扣停车，在没有查清原因、不了解险情的情况下于 46 分钟后又被放行。随后，水淹过轨面后，司机按照规定制动停车，但线网控制中心（OCC）主任调度员在未研判掌握列车现场险情的情况下，指令列车退行。退行约 30 m 后列车失电迫停，导致列车所在位置标高比退行前所在位置标高低约 75 cm，增加了车内水深，加重了车内被困乘客险情。

（2）间接原因

① 应对处置不力。

运营单位未及时采取预警响应行动。事发日之前，气象部门多次发布暴雨红色预警，运营单位未按有关预案要求加强检查巡视，对运营线路淹水倒灌隐患排查不到位。在事发当日下午，停车场多处临时围挡倒塌、轨道交通线路多处进水的情况下，运营单位没有引起高度重视，没有领导在线网控制中心和现场一线统一指挥、开展有效的应急处置。直到 2 小时后才发布线网停运指令，此时列车已失电迫停。

运营单位应对处置管理混乱，未执行重大险情报告制度，事发整个过程均未启动应急响应。在乘客疏散被迫中断时，未及时向总公司值班处报告，致 400 多名乘客被困车厢超过 1 小时，严重延误了救援时机。

② 违规设计和建设施工。

擅自变更设计。建设单位为了物业开发将停车场运用库东移 30 m、地面布置调整为下沉 1.973 m，使停车场处于较深的低洼地带，导致自然排水条件变差，不符合《地铁设计规范》（GB 50157—2013）相关规定，属于重大设计变更，但未按规定上报审批。

停车场挡水围墙质量不合格。停车场围墙按内涝水深 0.24 m 设计，未达到"百年一遇内涝水深"应为 0.5 m。建设单位未经充分论证，用施工临时围挡替代停车场西段新建围墙，长度占总长的四成多，几乎没有挡水功能。施工期间又违反工程基本建设程序，对工程建设质量把关不严，围墙未按图做基础。

停车场附近明沟排涝功能严重受损。明沟西侧因道路建设弃土形成长约 300 m、高 1~2 m 带状堆土，没有及时清理，阻碍排水。有关单位违规将部分明沟加装了长约 58 m 的盖板，降低了收水能力。

案例 2：

1. 事故概况

某日，车站在建 4 号出入口地平面挡水墙被积水冲垮倒塌，地表积水下泄到基坑后通过过道涌入车站（图 3.1.3），造成 6 个站暂停营运 7 小时，直接经济损失约 91.15 万元。经调查认定，该起事故为一般生产安全责任事故。

图 3.1.3　车站雨水倒灌事故现场

2. 事故经过

某日中午，因突降暴雨，车站在建工地因地势较低，排水不畅，积水不断升高。积水先是漫过 4 号出入口挡水墙较低位置，随后挡水墙被积水冲垮，部分墙体坠落到出入口洞底。地面积水下泄到基坑形成流水，流水越过基坑与地铁站之间的隔离墙，夹带黄泥涌入车站。施工项目部发现挡水墙垮塌后，立即安排两台挖机、应急物资及人员至 4 号出入口进行土袋堆码封堵及基坑抽水。

随后，站务人员发现 4 号在建预留出入口处玻璃幕墙有水渗出流到地面，立即组织查找水源，组织保洁、安检等人员搬运砂包围堵。

车站立即启动应急预案，疏散乘客，关停设备，上报轨道交通运营控制中心并通知相关防汛联动单位。轨道交通运营总部立即启动突发事件二级响应，组织上下行列车在该站不停站通过，扣停后续列车，报告辖区主管部门，同时组织运营、建设和各方抢险力量携应急设备到场处置。

3. 事故原因分析

(1) 直接原因

事发车站在建出入口施工区域位于局部地势最低点,由于短时强降雨及排水管被封堵造成地表大量积水。积水冲垮4号出入口防护墙后涌入基坑,冲垮基坑与站厅之间隔离墙的上部砖墙后,流入地铁站站厅,最终导致地铁站站厅被淹。

(2) 间接原因

① 施工单位未落实生产安全主体责任。

施工单位安全风险辨识不足。在变更施工流程后,对原防护墙的防淹作用认识不到位,未根据季节变化(汛期)采取相应的安全施工措施。在拆除原防护墙后,仅对敞口段基坑西侧缺口加建临时防护墙,未使用原设计的钢筋混凝土结构。

施工单位未及时分析拆除石马对场内排水功能影响程度。在未清疏场内排水设施的情况下即拆除石马,致使雨水积聚又无法排出,最终冲垮防护墙发生倒灌。

施工单位现场管理不到位。在排水不符合要求的情况下,违规采取封堵排水管截留泥水。停用该排水方式后,未能及时拆除管道挡水墙。

施工单位隐患排查不到位,汛期到来后未认真开展安全隐患排查,未能及时发现并消除排水管封堵、防护墙达不到原有的防淹能力的安全隐患。

② 监理单位未能有效履行监理安全责任。

监理单位未能排查发现雨水井违规封堵的隐患问题。对于施工单位在拆除原防护墙后,对敞口段基坑西侧缺口未经设计变更加建复合材料临时防护墙的问题未及时发现并纠正,致使该防护墙最终无法起到防淹作用,积水冲垮防护墙进入地铁站站厅。

3.2 异物侵限

▶3.2.1 异物侵限的相关知识

1. 定义

侵限指的是侵入限界。限界是为了保证地铁车辆安全行车而规定的技术尺寸。地铁设计时要求任何建筑、设备、设施不能超过限界,否则就是侵限。

地铁建成运营后,轨道交通范围内所有的设备设施由于各种原因产生位移、脱落,或自然、人为等因素导致其他物体侵入线路限界,影响列车在本区段线路安全运营,造成异物侵限事故。

2. 事故致因

① 地铁线路地面保护区内施工单位违规施工,导致工程桩、钻机钻杆等击穿隧道。

② 地铁线路工务作业完毕后设备恢复、线路出清不彻底。

③ 列车配件、隧道内电缆支架或其他附属设施因行车振动、腐蚀等原因脱落。

④ 乘客上下车时物品从站台缝掉入线路。

3. 预防措施

① 加强隧道线路和地面保护区的巡检巡查,及时发现并消除安全隐患。

② 加强作业人员安全教育管理,严格执行线路出清程序,确认施工完毕后线路出清。

③ 对列车及隧道沿线设施设备例行检修保养,发现问题及时处理。

④ 在站台及站台门设置警示标志,提醒乘客小心物品掉入线路。

▶3.2.2 轨道交通隧道侵限事故案例

案例 1：

1. 事故概况

某日，因道路地质勘察作业，某轨道交通线路下行区间隧道被地质机械钻穿（图 3.2.1），发生地铁侵限事故。事故造成该线短时关闭停运，直接经济损失 306.65 万元。经调查认定，该起事故为一般生产安全责任事故。

图 3.2.1 轨道交通隧道侵限事故现场

2. 事故经过

某日上午，某勘察单位组织作业人员及勘探设备到已运营的一条线路的下行区间所在地面安全保护区内开展地质补充勘察钻探作业。

地铁保护巡查单位巡察人员巡查发现上述施工区域钻探作业在地铁保护区范围内，两次对现场勘察作业人员送达《地铁保护区非地铁项目现场交底表》和《地铁保护区施工作业告知书》，对在地铁保护区域内进行钻探作业的勘察单位开展现场交底，并要求立即停止钻探作业。勘察单位施工现场技术员表示该项目为重点项目，工期较紧，拒绝停止施工。

下午，作业人员对 11#孔钻探至 13 米左右深度时出现掉杆的异常情况，随即报告技术员，并称地下可能有空洞。技术员在已收到轨道巡查人员送达的告知书，知晓钻探作业位于地铁保护区内的情况下，仍然对作业人员下达继续放杆到底探测空洞深度的指令。

作业人员按照指令放杆到隧道底后提杆，提杆中探杆与经过的地铁列车相碰撞，造成探杆变形无法完全提出地面，地铁列车受到损坏。

3．事故原因分析

事故原因分析如图3.2.2所示。

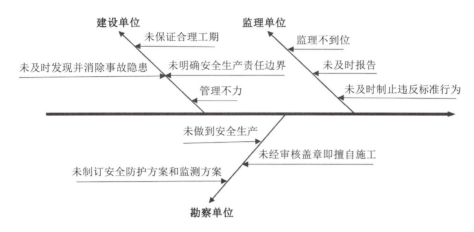

图3.2.2　轨道交通隧道侵限事故原因分析

（1）直接原因

勘察单位在组织开展道路地质勘察施工中，违章指挥，强令冒险作业，且在勘察钻探过程出现异常情况时，现场技术（作业）人员的操作和处理措施不当，最终导致地铁隧道管片被钻穿。穿透的钻杆与行驶中地铁列车发生碰撞，造成地铁侵限事故。

（2）间接原因

① 勘察单位在地铁保护区内进行影响地铁安全的钻探活动，未制订安全防护方案和监测方案并抄送地铁运营单位。未采取有效安全防护措施，未组织有关人员做好现场踏勘、调查。《勘察纲要》未经技术负责人等相关人员审核盖章即擅自施工。允许未接受安全生产教育和培训、未经教育和培训合格的作业人员上岗作业，违法分包。

② 项目建设单位未能保证合理工期，盲目赶工期、抢进度，导致勘察单位简化工序，勘察单位未按要求编制完成《勘察纲要》、地铁保护方案和监测方案

等即开展作业。

项目建设单位未与勘察单位签订安全生产管理协议,未明确安全生产责任边界。在知晓勘察单位勘探设备进场后,未明确告知勘察单位需完善手续后方能施工。未及时发现并制止勘察单位盲目钻探的事故隐患。

③ 虽然补充勘察项目不在委托监理范围,但是监理单位对整个工地现场的文明施工及安全防护措施负有监督检查职责。监理单位对正在进行的勘察作业存在违反工程建设强制性标准行为未能及时发现并制止的问题,未能及时将现场情况报告建设单位或建设主管部门。

④ 地铁运营单位在地铁保护区内域未设置明显的边界标志或安全警示标志。

⑤ 地铁保护巡查单位承担着地铁沿线巡查任务,履行职责不到位,对巡查中发现钻探施工作业在地铁保护区范围内并可能危及地铁运行安全的情况,仅向作业人员送达告知书,未能跟踪督办并采取有效措施进行制止,未及时消除生产安全事故隐患。

案例 2:

1. 事故概况

某日,在运营线路地面保护区范围内,项目勘察作业人员在进行勘察作业时(图 3.2.3),打穿地铁隧道顶部,造成地铁短暂停运,直接经济损失 73.018 6 万元。经调查认定,该起事故为一般生产安全责任事故。

图 3.2.3 轨道交通隧道侵限事故现场

2. 事故经过

项目建设单位向勘察单位提供勘察任务书和地下管线探测成果平面图（未显示地铁隧道）。

2天后，勘察单位地勘班组将钻探机械设备运抵现场，勘察工程师根据平面图，在现场布置了5个钻孔位置，并对作业人员（有工程地质钻机操作证）进行了技术和安全交底，交代了钻探的点位布置和钻探深度（15米）。

次日上午，2名勘察作业人员来到现场，正式开始勘察作业，下午，作业人员操作钻机钻到约13米时，钻头突然下落2米多。作业人员认为钻机打到了地下室，立即打电话给勘察工程师。勘察工程师立刻让现场工人停止作业，并向单位报告后赶赴现场处理。

列车司机发现前方隧道顶部被击穿，疑似有钻头侵入，立即将情况上报。地铁运营单位随即安排后续列车司机限速查看，司机确认隧道被击穿并采取紧急停车措施，列车迫停区间。运营单位按照预案启动应急响应。

列车退回站台清客并启动公交接驳，专业抢修队陆续到达现场。2小时后，轨道交通消防队将侵入隧道的钻头切除，事发区间全线恢复运营。

3. 事故原因分析

（1）直接原因

勘察单位在地质勘察作业实施前，未核实轨道交通安全保护区范围，擅自在地铁安保区范围内进行勘察作业，导致地铁隧道被打穿。

（2）间接原因

① 项目建设单位未向地铁集团等有关部门核实勘察现场地下是否有地铁设施，未向勘察单位提供准确、完整的地下管线及地下工程的相关资料。

② 地铁运营单位在地铁保护区内未设置明显的边界标志或者安全警示标志，未对地铁保护区进行安全巡查，未及时发现保护区内的勘探作业。

复习思考题

1. 什么是雨水倒灌？城市轨道交通运营期针对雨水倒灌事故有哪些预防措施？
2. 什么是异物侵限？城市轨道交通运营期为什么会发生异物侵限事故？

事件篇

  本篇收集了 2011 年至 2021 年城市轨道交通在建设期和运营期发生的各类事件案例。虽然事件造成的后果没有事故严重，但"千里之堤，溃于蚁穴"，安全无小事，编者整理此篇以期对城市轨道交通安全管理有所启示。

第 4 章 建设期事件

【学习目的与要求】

通过本章的学习,应当能够了解并掌握:
1. 城市轨道交通建设期常见事件的类型、特点;
2. 城市轨道交通建设期事件的主要成因及预防措施;
3. 城市轨道交通建设期施工单位的安全防控要点。

4.1 管线破坏

施工(机械)破坏是燃气管道、电缆线路外力破坏的主要形式。地铁施工中打桩机、钻机、挖掘机、镐头机等大型机械在管线保护区内违章作业会造成燃气管道的破坏和电缆电力线路损坏。

4.1.1 管线破坏的相关知识

1. 定义

管线破坏指燃气管线、给水管线、雨污水管、热力管线、电力线缆、通信线缆等地下管线及地面高架电线遭到外力破坏。

2. 事件致因

① 施工单位对现场管线分布情况掌握不清，未与管线权属单位事先沟通确认，现场缺乏管线保护方案，缺乏管线标注，野蛮施工。

② 地下管线图纸有误，图纸标注位置与现场实际分布位置不一致，施工单位未进一步核实直接施工。

③ 作业人员违章操作，擅自移动作业位置，导致误触管线。

④ 作业人员操作失误。

3. 预防措施

① 建设单位应提前与交通部门和市政部门沟通，明确地下管线的位置数量，做好标识标牌。向供水、排水、燃气、热力、电力、通信等部门咨询各自的地下管线分布情况。若施工存在破坏风险应提早通知相关权属部门进行地下管线迁移工作。

② 施工单位应加强现场各类管线安全管理，会同管线权属单位进一步核实现场管线实际位置，向管线权属单位办理必要审批手续。施工现场设置管线标识和警示标志，做好各类管线安全交底，按照法律法规及各类管线的行业要求做好各类管线保护工作。加强管线巡视，及时排查治理安全隐患。

③ 监理单位应认真履行监理职责，对施工单位管线安全保护工作监管到位。

④ 管线权属单位必要时进场进行指导与监管。

▶4.1.2 指挥控制中心电力管线破坏事件案例

1. 事件概况

某日上午，指挥控制中心工地施工单位项目部物资管理人员直接找到现场 50 t 履带吊司机及信号司索工，让其到施工场地东侧进行卸载钢筋作业。

履带吊停放在场地西侧，须穿越场地内 110 kV 高压架空线（距地面高度约 17.5 m）才能到达场地东侧。信号司索工依据目测高度指挥履带吊司机将大臂下放一定高度，随后自西向东驶往作业区域行进。

在行至高压线下方时，履带吊吊臂与施工现场上方的 110 kV 高压架空线安全距离不足导致跳闸停电。

2. 事件原因分析

（1）直接原因

① 信号司索工对高压线高度及履带吊大臂高度判断失误，指挥履带吊下放大臂高度不足。

② 履带吊行驶中，司机忽视了车载计算机大臂高度显示。履带吊在行至高压线下方时，吊臂与施工现场上方的 110 kV 高压架空线安全距离不足导致跳闸停电。

（2）间接原因

① 施工单位安全管理不到位，现场管理存在不足，安全教育培训工作不够细致全面，现场相关人员安全意识薄弱。

② 项目部进场后，未按要求在高压线最外侧线缆正下方投影线外 10 m 设置相应的警示防护标识，未按要求在履带吊上安装近电报警装置。

③ 项目部物资管理员未履行起重吊装审批程序办理吊装令，直接找到履带吊司机及信号司索工进行作业。

④ 监理单位现场监管存在缺失。

▶4.1.3　车站电力管线破坏事件案例

案例 1：

1. 事件概况

某日，2 名作业人员正在使用风镐破除一施工车站南侧地连墙范围内电缆的水泥防护套管。

由于在西段水泥套管中只发现一根电缆，作业人员误以为东段水泥套管中也只有一根电缆，未掌握通过中间一口电缆井后，水泥套管中实际上有两根电缆。

作业人员在东段作业剥离出一根电缆后放松警惕，使用风镐打到另一根 10 kV 高压电缆，造成其破损冒烟。

该起事件造成附近几间商铺停电十几分钟。

2. 事件原因分析

(1) 直接原因

作业人员对电力线路位置、数量的具体情况掌握不清，作业时风镐碰到电缆，造成电缆损坏。

(2) 间接原因

① 项目部管线调查工作不细致，对地下电缆数量、布置的具体情况掌握不清。

② 电缆原位剥离保护方案未经产权车站书面确认，项目部作业时未通知产权车站安排人员到现场进行监督管理。

③ 监理单位对施工单位在管线调查不清且无产权单位监护的情况下冒险作业的行为未予制止。

案例2：

1. 事件概况

某日，作业人员在一施工车站进行人工探挖现状电力管廊作业。作业过程中，技术员有事走开。

随后，作业人员在探挖至深度40 cm左右时挖到电力管廊的砼保护层，未向现场管理人员请示，误判此混凝土为道路结构层，继续进行破除作业。

15分钟后，镐头击穿了包裹电缆的混凝土，致使10 kV的电缆线外皮破损。本次事件造成了车站周边小区用电中断2 h。

2. 事件原因分析

(1) 直接原因

作业人员在对电缆管廊掌握不清的情况下未通知管理人员确认就冒险作业，导致电缆破损。

(2) 间接原因

① 项目部在未掌握该电力管线的具体位置、埋深、走向等基本信息，在无电力改迁施工单位管理人员在场指导监护的情况下就盲目施工。

② 项目管理人员责任意识不强，在施工过程中擅自脱岗，未能做到全程旁站。

③ 监理单位未督促施工单位认真做好管线核查、交底和旁站等工作，监理工作有疏漏。

案例 3：

1. 事件概况

某日上午，供电公司发现一处变电站有 1 路线路跳闸，怀疑电缆破损，遂按照故障报修并巡查到具体故障在施工车站工地。

供电公司巡线员将情况通知车站施工单位。

施工单位项目部副经理和安全总监立即安排车站全面停止施工，组织现场排查。

经排查确认，车站一风亭北侧坑外水位观测孔钻孔施工时破坏了 1 根 20 kV 电缆。

该起事件造成周边小区断电约 2 小时。

2. 事件原因分析

（1）直接原因

监测分包单位作业人员擅自改变工作指令。

（2）间接原因

① 监测分包单位管线保护交底不到位。

② 施工总承包单位管线标识不清晰，管线保护区内动土作业不汇报、不旁站。

③ 监理单位管线保护意识不强，监管不到位。

▶4.1.4 车站电信管线破坏事件案例

1. 事件概况

某日，一施工车站的出入口及风亭工地正在进行土方开挖作业。

挖机司机在未通知项目部管理人员的情况下，由北向南开始开挖清理作业。当清理到南侧靠围挡位置时，误将电信管道当成废弃的集约化管道清除，导致电信光缆受损，造成周边商户及小区电信用户通信中断。

2. 事件原因分析

（1）直接原因

挖掘机司机对现场管线情况掌握不清，在无项目部监管人员和管线监护人员现场监管的情况下盲目施工。

（2）间接原因

① 现场管线未进行有效标识，未起到警示作用。

② 项目部管理人员对挖掘机司机管线交底不到位，未能使挖机司机清楚掌握地下管线埋设情况。对作业人员教育不到位，作业人员管线保护意识不强，在监管人员未在场情况下即进行开挖作业。

③ 监理单位对现场管线标识不清的情况未及时督促施工单位整改。

▶4.1.5 车站燃气管道破损事件案例

案例1：

1. 事件概况

某日，燃气公司对车站勘察钻孔位进行了现场确认。

下午，勘察作业劳务分包负责人擅自将钻孔移位。

次日上午，钻机人员根据现场标记点，人工开挖约 50 cm，随后改用机械钻进。

40 分钟后，机械开孔至 1.1 m 深度时，现场闻到强烈的燃气气味，作业人员立即停止钻进并接管线迁改实施单位，几小时后组织抢修。

6 小时后燃气公司完成燃气管道抢修工作并恢复周边供气。

该起事件导致周边商户和居民小区停气约 5 h，A 站右侧两车道实施交通管制约 5 h，B 站一出入口临时封闭约 2 h，造成直接经济损失 3 万元。

2. 事件原因分析

（1）直接原因

勘察单位钻机队伍擅自移动经管线权属单位确认并完成挖探的孔位，且移动后的孔位未经技术人员确认，未按照要求进行人工挖探开孔，不符合安全技术交底等要求。

（2）间接原因

① 勘察单位项目管理人员履职不到位，现场监管缺失。对钻机队伍的安全教育不到位，钻机队伍安全意识淡薄。

② 监理单位监管力度不足，履职不到位，未发现移孔问题。监理员虽已巡视至现场，发现钻机不在已确认孔位处后，未对现场人员进行问询确认，随后离开现场至下一机组巡视。

案例2：

1. 事件概况

某日，在一施工车站交叉路口围挡范围内进行道路盖板破除作业时，挖机炮头打到盖板东侧下方燃气管道，造成燃气管道破损并发生燃气泄漏。

半小时后，燃气井阀门关闭，燃气泄漏得到全面控制。经对现场燃气浓度检测确认安全后恢复周边道路通行。

经燃气公司确认，此处因设置有回路，未对周边用户造成用气影响。

2. 事件原因分析

（1）直接原因

盖板破除作业时，挖掘机炮头打到盖板东侧下方燃气管道，造成燃气管道破损并发生燃气泄漏。

（2）间接原因

① 挖掘机司机思想认识不到位，未认真学习掌握车站盖板拆除施工安全交底内容，对该处燃气管道走向的认识与实际不符，未意识到燃气管道有变向这一重要细节。

②施工单位风险意识不足，在盖板拆除施工作业前，未现场核实燃气管线位置，未明确燃气管道的安全保护范围，未严格按照图纸准确设置燃气管道走向标识。现场管理不到位，未严格按照车站盖板拆除施工方案施工，未针对燃气管线的实际走向等内容向作业人员进行有效安全交底。

③监理单位现场巡查不到位，未能及时发现并制止现场盖板拆除作业与施工方案不一致的不安全行为。

4.2 高处坠落

高处坠落的相关知识参见 2.6 节。

▶4.2.1 指挥控制中心高处坠落事件案例

1. 事件概况

某日上午，某指挥控制中心施工现场，4 名作业人员在主楼至裙楼弱电井敷设传输系统射频电缆。

其中两名作业人员在主楼六楼弱电井向五楼穿送电缆，一人在主楼五楼弱电井顶部配合拉电缆，另一人在主楼五楼弱电井旁地面整理电缆。

作业时整理电缆的作业人员不慎踩空从弱电井坠落受伤。

2. 事件原因分析

（1）直接原因

作业班组未对作业现场的孔洞采取安全防护措施，作业人员安全意识薄弱，在孔洞临边作业时未按规定系挂安全带，是本次事件发生的直接原因。

（2）间接原因

①现场作业人员安全知识和自我防护意识不强，对现场存在的孔洞坠落风险识别不到位。

② 施工单位对作业人员的安全教育培训和交底不到位，对线缆敷设作业安全管理不到位，对现场风险识别、隐患排查落实不到位。

③ 监理单位对线缆敷设作业安全监督检查不到位。

▶4.2.2 车站高处坠落事件案例

1. 事件概况

某日，施工车站通风班组安排2名作业人员至车站左线轨行区查看轨顶风道内是否有残余垃圾。

作业人员违规打开站台层端门进入左线轨行区，并在距端门7 m处搭设脚手架。

脚手架搭设完成，一名作业人员开始攀登脚手架至轨顶风道查看风道内的垃圾清理情况。

由于作业环境受限，作业人员操作不当导致坠落。下落过程中，该作业人员被站立于脚手架下方的另一名作业人员抱住腿部，最终面部着地。

事件造成此作业人员双腿腿部受伤和面部鼻骨骨折。

2. 事件原因分析

（1）直接原因

作业人员未按照项目部申请的作业内容及作业时间进入轨行区带电管理区，盲目施工作业，登高作业操作不当，导致事件发生。

（2）间接原因

① 施工单位项目部轨行区安全管理缺失。

项目部未在请点前与劳务分包作业班组核对需请点的施工计划安排，事发当天请点内容与实际施工内容不符。

班前安全讲话时未将当天轨行区作业安全风险告知作业人员，使作业人员不能辨识作业过程中的安全风险。

项目部安全管理力量薄弱，未按要求落实项目管理人员对当天请点内容和实际施工内容进行核对；未按轨道交通电客车动调期轨行区管理办法规定，落实专人带班对进入轨行区的施工作业行为进行监督管理。

② 监理单位工作有疏漏，未能发现项目部在轨行区管理中存在的问题，未能针对当天进入轨行区的作业安排监理人员巡查。

4.3 涌水涌沙

涌水涌沙事件的相关知识参见2.2节。

▶4.3.1 车站基坑土体涌水事件案例

1. 事件概况

某日，车站一出入口基坑内有8名工人正在作业。

现场值班技术员在巡查至该出入口时发现斜坡段与平台交界处的垫层出现明显裂缝并逐步增大，立即要求坑内作业人员紧急撤离。

随后，4名作业人员安全撤离基坑，同时斜坡段土体滑移至基坑底部，致使其余4名工人臀部以下身体部位被土体困住，滑移土体体积约5 m³。

2. 事件原因分析

（1）直接原因

对施工出入口土体滑移现场查勘发现，在基坑北侧平台下约200 mm处有两处渗水点，有清水流出并进入基坑，是本次斜坡段土体滑移的直接原因。

（2）间接原因

施工单位在一周前对斜坡段及集水井区域基坑开挖时，发现在基坑西侧区域有两根废弃管道，且有水流出。施工单位查阅管线资料后，对该处管道采取了截拆、土方回填的处理方式。土体滑移现场两处渗漏点的渗漏情况表明，施工单位对废弃管道的处理效果并不理想，仍存在渗流。

现场冠梁施工及平台土方开挖造成平台处局部止水帷幕顶部标高下降约

300 mm，导致止水帷幕顶部挡土止水效果缺失。渗流水浸渗至斜坡段土层，导致其抗剪性能降低，土层状态触变为流塑状态，土体的自稳性急剧下降，造成斜坡段顶部局部土体滑移，并带动斜坡段垫层及垫层下部局部淤泥质土体滑移。

▶4.3.2 车站洞门涌水事件案例

1. 事件概况

某日下午，某区间右线盾构已完成接收，现场拆完洞门翻板开始加焊圆弧钢板，此时洞门突然出现漏水现象。

施工单位立即对渗漏点封堵，并在距接收洞门第 5 环管片吊装孔处开孔注聚氨酯，但处理效果不佳。

建设单位接到险情报告后，调配人员、应急设备与物资组织应急救援。采用的渗漏点封堵措施是从地面引孔向接收端地层注浆，同时在隧道内向管片背后注聚氨酯、双液浆。

次日凌晨，洞门渗漏封堵完毕，无渗漏水，抢险工作结束。

2. 事件原因分析

（1）富水粉沙地层深埋车站盾构接收风险较大

该车站为地下三层站，与已建轨道交通在此换乘。事发时，车站顶板结构已全封闭，车站底板埋深达 24.15 m，属于深埋车站。车站接收端土层主要为④2 粉土夹粉沙、⑤1 粉质黏土层，其中④2 粉土夹粉沙富含微承压水，透水性强，灵敏度高，扰动后极易形成流水流沙。

（2）受车站周边环境影响盾构接收风险较大

盾构接收端常规采用地面加固加降水的方法，即在端头 9 m 范围内施作三轴搅拌桩土体加固，在加固体外围施作止水帷幕，并在帷幕与加固体之间施作降水井，对接收端地下水进行降压处理。针对无法进行地面加固等特殊情况，采用冻结法加固接收。

该车站北端盾构接收端加固区域，受已建成的运营隧道及路面过街天桥桥墩的影响，加固长度只有 3.6 m，止水帷幕及降水井均无法施作。考虑到以上情况，该车站北端盾构接收端设计采用水平冻结加固方法。冻结法加固与常规加固方法相比存在一定的技术风险。

（3）冻结法加固盾构进站后洞门封堵风险预判经验不足

冻结法加固盾构进站属于非常规做法，可借鉴的施工经验较少。针对该车站北端头地下三层、富水粉砂、水平冷冻等特殊情况，施工单位虽然按照专家评审过的施工方案实施，并于两天前完成盾构进站接收，但在拆除洞门翻板加焊圆弧钢板时，对风险预判不足，认为盾构接收风险已经消除，参照常规做法，导致了本次漏水事故发生。

▶4.3.3 施工区间旁通道涌水涌沙事件案例

1. 事件概况

某年春节假期期间，施工及监理单位值班人员在查看某盾构区间联络通道视频监控时，发现区间右线联络通道下部涌出大量水沙。

施工单位随即派相关人员到达现场，组织实施砂袋反压、管片壁后注浆等措施进行抢险，至次日傍晚险情仍未得到控制。

随后，施工单位成立抢险指挥组、专家组和协调监督组。抢险指挥组根据险情状况，采取地面填充注浆、隧道内堵漏及架设临时支撑、隧道内砼反压、拉结受损管片等措施进行抢险。同时，为防止发生河水倒灌等次生灾害，对隧道旁正上方河道进行隔断填土，并迁改隧道附近的燃气管线直至隧道涌水涌沙险情基本得到控制。

在深化地面与隧道内注浆方案的基础上，结合专家组与设计院的意见，指挥组决定在隧道受损区域内架设型钢支撑，并完善管片拉结作业，以进一步稳固隧道变形，确保隧道结构安全。

隧道变形开始趋于稳定，隧道内未再次发生涌水涌沙。

接着，指挥组组织召开专家会，对隧道内清淤固撑、管片修补方案进行论证，并对后期隧道修复方案进行初步论证。

在施工单位完成三环钢环安装作业，进行隧道内全部剩余清淤工作，并持续数据监测近30天后，隧道变形保持稳定。

2. 事件原因分析

(1) 直接原因

随着冻结土体逐渐融沉，联络通道与右线隧道发生不均匀沉降，导致土体内下部冻结孔与砼管片错位移动，引发孔缝处渗漏，并逐渐发展为涌水涌沙。随着管片壁后土体流失，隧道发生不均匀沉降变形，进一步引发多处冻结孔与管片环缝渗漏，致使隧道出现大面积涌水涌沙险情。

(2) 间接原因

① 融沉注浆期间思想麻痹，风险管控不力。

施工、监理单位在联络通道融沉注浆期间思想放松，疏于对分包单位进行管控。专业分包作业人员在进行融沉注浆后便全部离岗，未按建设单位要求安排春节留守注浆人员。施工、监理单位未对融沉注浆给予足够重视，对此种情况予以默认，未责令整改。

施工、监理单位对联络通道融沉注浆期间风险预判经验不足、疏于防范。春节期间，全国突发新冠病毒感染疫情，施工、监理、专业分包作业人员均无法及时返回复工。施工单位未能有效甄别风险，及时采取应对措施，致使××区间联络通道长达一个月未进行融沉注浆作业。

② 现场管控不力，险情上报滞后。

施工单位现场管控不力，新冠病毒感染疫情期间项目部留守人员巡视检查流于形式，未能掌握现场实际情况，监理人员亦未进行有效监管，致使隧道小渗漏演变为涌水涌沙。

发现险情后，施工单位隐瞒不报，在缺乏人力物力的情况下，仍认为可在较短时间内有效控制涌水涌沙，监理单位亦未履行及时上报的职责，致使险情进一步发展扩大。

③ 地层工程性质较差。

所处区间联络通道所处地层主要为④1粉质黏土与⑤1粉质黏土。右线隧道正上方为河道，地下水补给充分。其所处地层含水量大、可压缩性高、稳定性差、强度较低、灵敏度较高、扰动后呈流塑状，极易发生涌水涌沙。

④ 应急抢险救援受疫情影响较大。

受新冠病毒感染疫情影响，各物资、设备供应商未能正常营业。专业抢险作业人员较少、大量应急救援设备无法正常使用、应急物资（聚氨酯、水泥等）严重匮乏及应急物资无法及时采购或运输到位等，险情处置能力受到较大制约。

4.4 其他施工类事件

▶4.4.1 车站勘察钻探打穿车站风道顶板事件案例

1. 事件概况

某日，一车站进行勘探孔钻探施工作业。因作业现场交通流量较大，作业人员未严格履行勘探孔移位审核确认手续就擅自移位。移位后钻孔位于车站风亭风道顶板上方，造成开机钻探后打穿风道顶板（图4.4.1）。

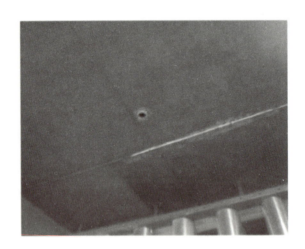

图4.4.1 车站风亭风道顶板被打穿

2. 事件原因分析

（1）直接原因

现场作业人员擅自移位勘探孔，未通知现场相关技术、管理及安全人员，且移位时未仔细核对勘探孔的位置。钻孔过程中发现有混凝土等异常情况后未按特殊情况对待，未采取任何措施。

（2）间接原因

① 勘察单位勘察现场作业规章制度执行不到位。现场技术交底不到位，对重点部位等未做到一一交底，现场作业人员安全生产意识淡薄。

② 监理单位未能对重点部位重点巡查。

▶4.4.2 车站出入口吊顶脱落事件案例

1. 事件概况

某日，已投入运营的一车站出入口通道吊顶突然脱落，吊顶的副龙骨及方管整体脱落。脱落范围长约 16 m，宽约 4 m，面积约 64 m^2。

随后，运营分公司关闭该号出入口并用铁马和屏风初步隔离防护，在该通道与站厅连接处用彩条布封堵。一个半小时后脱落吊顶完成全部拆除。

2. 事件原因分析

（1）直接原因

主副龙骨连接卡箍变形失效，致使副龙骨与主龙骨脱离，连同方通一起掉落。

（2）间接原因

① 施工单位质量主体责任落实不到位，未按照设计图纸进行吊顶工程施工和灯具安装，未见设计书面同意文件。

② 监理单位质量验收监督不到位，未根据图纸设计要求进行现场质量监督管理。

▶4.4.3 车站接触网损坏事件

1. 事件概况

某日，车站装饰装修工程现场，作业人员前往下行头端设备房位置进行不锈钢栏杆安装作业。作业前施工负责人和运营监管人员一同前往作业点位置查看了作业环境，施工负责人随后离开。

10分钟后，运营监管人员打开下行头端门后，2名作业人员向作业点运送不锈钢管材。其中一人在摆放材料的过程中，管材长度过长，摆放角度不正确，管材滑落碰触到区间接触网，导致接触网局部烧伤受损。

2. 事件原因分析

（1）直接原因

作业人员对作业点的安全风险掌握不清，摆放管材过程中触碰到接触网，致接触网局部烧伤。

（2）间接原因

① 施工单位轨行区安全管理缺失。

项目部对作业人员的安全教育交底工作管理不到位，当天施工作业人员的交底还停留在轨行区未通电阶段，未针对进入带电轨行区作业的特点对作业人员进行交底。

班前安全讲话时未将当天轨行区作业安全风险告知作业人员，使作业人员不能辨识作业过程中的安全风险。

项目部安全管理力量薄弱，作业监护人未按相关要求规范轨行区、带电区的安全管理，未全过程监管进入带电轨行区作业人员的作业行为。

② 监理单位未督促施工单位做好作业人员的安全教育交底工作。

复习思考题

1. 城市轨道交通建设期的常见事件有哪些？各有什么特点？
2. 管线破坏事件的主要原因是什么？有哪些预防措施？
3. 基坑施工、隧道掌子面施工分别有哪些注意事项？
4. 为了预防城市轨道交通建设期发生各类安全事件，施工单位的安全防控要点有哪些？

第 5 章 运营期事件

【学习目的与要求】

通过本章的学习，应当能够了解并掌握：

1. 城市轨道交通运营期常见事件的类型、特点；
2. 城市轨道交通运营期事件的主要成因及预防措施；
3. 城市轨道交通运营单位各岗位的安全防控职责。

5.1 行车类事件

城市轨道交通运营阶段需重点防控行车类事件的发生。行车事件起因复杂多样，涉及各个专业部门。

▶5.1.1 行车类事件的相关知识

1. 定义

因违反规章制度和劳动纪律、技术设备不良、指挥不当或环境变化等，在行车中发生人员伤亡、设备损坏、经济损失，影响正常行车或危及行车安全的事件，均可称为行车事件。

2. 事件致因

（1）人的不安全行为

各岗位工作人员业务技能不熟练，执行作业流程不标准。例如：调度人员作业用语不规范，发布或传递错误调度命令，自控、互控执行不到位；司机忽视信号灯指示与行调命令；外单位作业人员违规作业等。

（2）物的不安全状态

系统、设施设备自身存在质量缺陷或外力原因导致状态异常。

3. 预防措施

① 加强全员业务培训和安全教育培训，完善各项工作制度和标准作业流程，提高员工自控、互控能力和应急响应能力。

② 加强各行车岗位调度指令的学习，调度员严格执行标准命令用语，避免被误解，其他岗位确保正确理解调度指令，杜绝造成理解偏差，替换、扩大或缩小调度指令。

③ 加强司机安全教育和业务技能培训，强化司机标准化作业意识，完善司机故障处置及汇报流程，加强司机值乘状态的监控。

④ 综合维修中心对接机电中心、信号厂家等做好系统设施设备的调试与日常维养。

▶5.1.2 车辆段工程车错排进路事件案例

1. 事件概况

某日下午，某车辆段有股道在进行压道作业。工程车在压道完回库的途中发现前方有红闪灯并挂有接地线。所幸当值工程车司机及调车员及时发现安全隐患并及时停车汇报，避免了事件的进一步扩大。该起违章作业虽未酿成恶性后果，但影响恶劣，且存在造成人身伤亡、设备损坏的重大安全隐患。

2. 事件原因分析

（1）直接原因

场调 2 在未确认接触网隔离开关检修作业是否完成、线路是否出清的情况下，盲目解除封锁区域的防护设置，违章排列进路，是这起事件发生的主要原因。

（2）间接原因

场调 1 在场调 2 汇报压道工程车请求回库进路时，未提醒该作业尚未销点，也未提醒接触网作业封锁区域仍挂有接地线，不可以安排回库。作业用语模糊，对场调 2 的判断产生一定的影响。场调 1 与场调 2 互控不到位，是该事件发生的次要原因。

3. 整改防范措施

（1）调度所的整改防范措施

① 明确信号楼信调双人确认制度的内容及形式，落实确认工作需要的书面记录要求，避免双人确认制度流于形式。

② 优化信号楼和场调室占线板防护设置方式，并制定相关规定。

③ 强化落实作业过程中各调度之间的互控制度，明确互控内容，防止发出和执行错误指令。

④ 完善制度执行记录，针对施工计划，由场调登记后通知信号楼，明确信号楼在记录和确认方面的具体要求，加强台账检查，规范台账记录。

⑤ 通过培训、总结交流、应急演练等各种形式增强员工应急应变能力。

（2）技术调度部的整改防范措施

对集中销点、多个进路排列时可能导致出错的安全隐患，拟出应对措施。

（3）运营公司各部门（中心）的整改防范措施

① 针对错排进路问题，重视风险隐患排查，加强员工业务培训，完善工作制度，强化标准作业流程的执行，强化自控、互控意识。

② 明确各专业设置在信号楼的防护人员的工作职责，发挥出岗位应有的防护作用。

③ 各专业信息沟通过程中应使用标准作业用语，严禁模糊用语、口语化等不规范作业用语，避免作业人员理解偏差，传递、执行错误指令，并导致互控制度失效。

④ 严格落实现场作业请销点制度的执行，加强对施工管理人员、作业人员的制度培训。

⑤ 车辆段接管初期应重视人与人、人与制度、制度与制度的相互磨合，发现问题时各部门应切实发挥岗位职能，采取有效措施堵住缺口。

▶5.1.3 车站列车冒进信号险性事件案例

1. 事件概况

某日，车站两个不连续轨道区段出现计轴故障，经抢修人员更换板卡处理后，行车调度员（以下简称"行调"）安排列车对故障区段出现的紫光带做恢复性处理。列车运行至车站进站前产生紧急制动，限制人工驾驶（RM）模式动车过程中冒进前后出站信号机。

2. 事件原因分析

（1）直接原因

列车司机在车站下行进站前产生紧急制动后，未能够根据现场出站信号机实际红灯情况，与行调核对"途中凭信号行车"命令，没有在红灯前停车，等待行调命令后动车，而是继续跳停越过车站红灯出站信号机，导致列车冒进车站红灯出站信号机。

（2）间接原因

司机安全培训不到位，忽视信号灯指示与行调命令。

3. 整改防范措施

（1）各行车岗位的整改防范措施

加强调度指令的学习，调度员要正确发布指令，避免被误解，其他岗位要正确理解调度指令，杜绝理解偏差。

（2）乘务车间的整改防范措施

① 加强车间全员培训学习，重点加强全员在闯红灯、挤岔等非正常情况下的应急处置能力，明晰调度指令发布的意义、时机。

② 进一步提高司机现场作业水平和应急处置能力，确保司机能够迅速理解行调发布调度命令的意图，并确保准确执行。针对新司机，加强添乘把关，加强突发事件时行车重点培训，重视新司机的心理疏导，引导新司机在发生突发事件时能够冷静思考，避免因紧张而造成处置失误。

（3）调度所的整改防范措施

① 行调发布调度命令时，应针对行车影响因素提前做出反应，并及时提醒现场执行人员，避免错误执行调度命令的情况发生。

② 行调在列车发生降级运行后，应做好行车间隔的控制，避免两列车进入同一区间，特别是载客列车与非载客列车运行间隔的控制。

③ 行调在发生突发事件后，关注现场处置的同时，应强化重点列车的运行跟踪，及时发现安全隐患，发布正确指令，避免指令不清、信息不畅。

④ 行调应对影响行车的各种因素，从人、机、料、环、法等方面加强分析，特别是针对人的因素，应重点了解分析，通过添乘跟岗、座谈交流或其他形式，了解本班组搭档乘务司机业务能力、应急处置能力，做到发布命令有的放矢，重点跟踪。

▶5.1.4 车辆段信号楼未办进路接车事件案例

1. 事件概况

某日，行调发令安排某站某次列车以电话闭塞法回段，车辆段场调未办理接车进路即同意该次列车从车站至车辆段某道 A 端闭塞。该次发车后，场调方办理入段线 1 道至某道 A 端进路。

2. 事件原因分析

（1）直接原因

当值车辆段场调对电话闭塞法相关规定及程序掌握不熟，列车从入段线至某道 A 端进路未准备的情况下，向车站同意闭塞是本次事件发生的直接原因。

（2）间接原因

① 当值场调作业态度松散，未认真执行"一人操作、一人监督"及"双人确认"制度。电话闭塞法组织程序不熟，业务技能较为薄弱。作业前安全预想流于形式，无实际安全措施。

② 车场调度组电话闭塞法组织程序培训不到位。

3. 整改防范措施

（1）车场调度组的整改防范措施

① 加强员工对电话闭塞法组织程序、规定、条件确认、标准用语的全面培训。

② 加强员工安全意识培训，督促信号楼调度严格执行《调度指挥双确认及手指口呼执行标准（试行）》制度。对列车出回场等关键作业、关键步骤进行过程双人确认及手指口呼自确认，提高安全互控意识。通过互控相互提醒、相互确认，发现错误及时纠正，发现违章、违规操作等行为及时制止。

③ 督促车场调度（以下简称"场调"）、信调作业前必须进行深度预想。对作业的计划安排、组织过程、注意事项等进行预想，班前会场调与信调应对当天作业的关键点进行布置和预想。信调之间要对行车计划充分掌握，相互沟通，达成统一意见。

（2）总调度所的整改防范措施

总调度所安全管理人员加强现场监督及安全监管，及时发现员工现场作业、各类台账及安全培训工作中存在的不足，提醒落实整改措施。

（3）技术调度部的整改防范措施

技术调度部以理论培训、桌面演练及实操演练的形式加强员工突发事件处置技能、意识的培训，确保发生各类突发事件时，能够妥善、有效处置。

▶5.1.5 工程车试车线冲突事件案例

1. 事件概况

某日，蓄电池工程车厂家（以下简称"厂家"）申请在试车线进行机车制动试验调试作业。

调试作业于该日下午开始。作业开始前带道工程车司机向厂家司机提出驾驶培训要求，厂家司机同意其要求，并于一旁进行指导、监督。

中途，厂家负责人提出有事需下车，下车前要求司机在厂方技术人员指导下，继续进行后续调试。调试进行至防滑试验阶段时，工程车司机误将机车单阀手柄置于单独缓解位，厂家司机亦未发现，蓄电池工程车制动系统失效，随后与试车线末端止挡发生冲突。

工程车司机下意识地将单阀手柄移至制动位，机车制动系统恢复正常。厂家人员下车对机车及止挡进行检查，未发现制动失效原因。

接着，厂家负责人直接至场调处销点，未向场调1汇报冲突情况，场调1同意销点。

后来，工程车司机报场调2，蓄电池车制动失灵，撞击车挡，场调1赶往现场确认。

随后，设备专业人员陆续到达现场查看设备状态。场调1将现场情况告知场调2，场调2向OCC设备调度员（以下简称"设调"）汇报现场情况，设调组织现场抢修。

现场处置完毕后，线路恢复正常状态。

2. 事件原因分析

（1）直接原因

厂家对轨道交通公司工程车司机培训内容仅含理论部分，未做机车操作培训。工程车司机缺乏单独操作蓄电池车的经验，且未掌握DK-1型制动机的使用方法，作业中误将单阀手柄置于单独缓解位，使机车无法产生制动作用，是本次事件发生的直接原因。

（2）间接原因

① 本次调试作业工程车司机职责为带道，厂家司机擅自同意其驾驶要求。工程车司机驾驶操作时厂家司机监督不力，未发现工程车司机误操作行为，机车无法制动时亦未及时查找到机车制动失效原因。

② 厂家施工负责人安全意识不足，擅自离开调试车辆，对后续调试无把控。

③ 设备车间对外单位调试作业安全把控力度不足，作业前未制定详细安

措施，调试监管人员在作业期间未起到监管作用。

④ 乘务车间、车场调度组对调试作业安全意识薄弱，计划审核、配合作业时未制定安全措施。

3. 整改防范措施

① 规范厂家对运营分公司工程车司机进行机车驾驶操作培训的制度和流程，完善培训记录和考核标准，确认员工操作技能符合相关工作要求。

② 设备车间对车间内有施工、调试监管资格的员工加强培训，明确施工、调试监管任务及职责。

③ 设备车间、乘务车间联合厂家制定DK-1型制动机使用规范及安全注意事项，针对单阀单独缓解无自复位功能制定安全把控措施。

④ 调试作业应组织制定调试方案，责任部门（中心）牵头组织调试准备会，讨论并确定调试方案注意事项、安全措施等内容，将讨论通过的调试方案送相关部门（中心）会签，并报运营分公司分管领导审批，批准后方可执行。

⑤ 车辆中心对未接管的车辆、设备进行安装、调试作业前，须与机电中心相关部门进行协调，明确各部门（中心）及相关单位职责内容及责任划分。

▶5.1.6 车辆段司机冒进调车信号事件案例

1. 事件概况

某日，某车辆段场调确认某列车进路已准备妥当，通知司机确认信号动车运行至某信号机前停车待令，司机进行复诵。

场调通过微机联锁设备监控该列车出场，发现前述信号机后方轨道区段已显示红光带占用。

随后场调与司机确认，列车已越过红灯信号机。

场调确认安全，排列列车至转换轨Ⅰ道进路。

列车运行转换轨Ⅰ道停稳。

2. 事件原因分析

（1）直接原因

司机出库运行时瞭望不到位，未及时发现信号机显示的红灯信号，导致列车停车后越过信号机。

（2）间接原因

① 由于高峰出场车行车间隔较小，车场采用分段排路的方式接发列车。司机在出库时虽接到场调在信号机红灯前停车的命令，但司机仍存在原有的"列车由运用库发车直接运行至转换轨"惯性思维，在运行中执标不严，未做到"车动集中看、瞭望不间断"，在信号机前才采取制动措施，导致列车停车后越过信号机。

② 按照新的运作命令，车间于月初对人员进行重新安排，成立运作模式特殊的高峰组，司机长无法在人员出勤前到达派班室对当值司机休息情况、精神状态等情况进行检查，人员管理力度不足。

③ 在调整过程中，当事司机因近期家庭事务繁重，导致工作过程中存在注意力不集中的情况，车间未能提前掌握班组员工工作状态并对重点人员进行关注、引导。

3. 整改防范措施

① 客运营销中心联合调度中心制定"分段进路"出场练习方案，并组织全员练习。

② 客运营销中心针对高峰组运作特点，制定专项管控措施，做好人员出勤前精神状态确认，强化作业人员履职能力。

③ 加强员工安全教育及业务技能培训，规范行车组织，严格执行标准作业流程，熟知车场线路。

④ 做好员工的思想动态排摸工作，对可能造成员工思想波动的诸如身体不适、家务繁重等情况进行摸排掌握，并重点跟踪、关注、引导，同时进一步强化全员安全意识、岗位责任意识。

▶ 5.1.7 车辆段调车冲突事件案例

1. 事件概况

某日,某车辆段实施调车作业,计划将某辆电客车采用"工挂电"的方式进行调车。

作业中,工程车与电客车连挂前电客车司机未按规定拍下紧制按钮,换端后前段电弓自动升起。

随后,车组运行至目标库门外,受电弓与库门上框发生碰撞。

本次事件造成受电弓及高压线缆等设备损坏,修复费用共计 16.6 万元。

2. 事件原因分析

事件原因分析如图 5.1.1 所示。

(1) 直接原因

电客车司机未执行标准化作业流程,换端后未执行施加紧急制动操作,列车激活后前弓自动升起,是冲突发生的直接原因。

(2) 间接原因

① 乘务车间对车场作业日常检查手段较为单一,未能发现司机日常习惯性违章情况。对"工挂电"作业关键点评估不全面,互控流程不完善,未能将"按压紧急停车按钮"识别为作业流程中的关键点并进行重点管控。

② 乘务车间连接员对车组进入无网区作业安全预想不足,场调、派班员也未对司机进行安全提醒,调车作业单安全注意事项提醒内容过于简单。

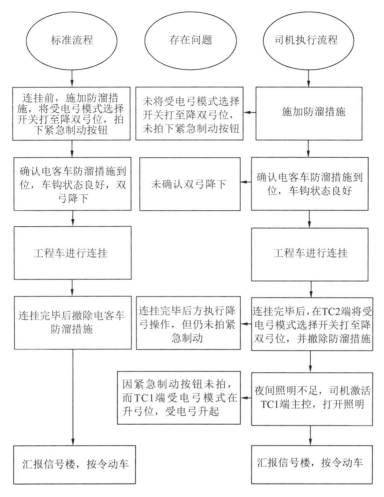

图 5.1.1 车辆段调车冲突事件原因分析

3. 整改防范措施

① 乘务车间加强车间安全管理工作，加强司机安全教育和业务技能培训，强化司机标准化作业意识。梳理、排查安全关键作业的薄弱人员及薄弱环节，有针对性地监督规章制度、标准化作业流程的落实和执行情况。

② 客运营销中心完善乘务专业安全检查方式，细化添乘、跟岗检查要求，提升员工安全作业意识，避免习惯性违章的产生。

③ 客运营销中心、调度中心积极完善行车关键岗位互控措施，强化安全防控措施，针对调动电客车至无网区等特殊作业的安全关键点做好提醒和把控。

④ 加强全员安全意识教育培训工作，以各类安全关键作业、关键流程为切入点，强化员工标准化执行意识及安全责任意识。

▶5.1.8 车站列车连续跳停事件案例

1. 事件概况

某日上午,一辆列车在车站跳停。司机未发现跳停图标及实际跳停现象,未及时将列车手动拉停。列车随后连续跳停两个车站。

第二个车站发现列车未在站停车后汇报行调,列车在前后三站跳停。

行调取消第四站跳停,并呼叫司机。

随后,行调组织列车在第五站下行多停 30 s。

列车终到站未晚点。

2. 事件原因分析

(1) 直接原因

当值司机发现跳停图标后臆测列车为图定跳停,未及时汇报行调且未拉停列车,是事件发生的直接原因。

(2) 间接原因

① 信号专业未及时处理故障隐患,引发列车跳停。

② 因列车异常跳停现象较少发生,乘务车间针对异常跳停问题培训力度不足,部分司机对此类情况处置经验较少。

③ 列车进路计算机牵引力控制(TRC)系统存在漏洞,设备车间针对 TRC 系统问题未及时督促厂家升级整改,引发列车跳停。

④ 行调对大屏异常信息关注不足,未及时发现跳停。

3. 整改防范措施

① 通号车间及时与信号系统厂家沟通,完成软件升级方案审核,完成相关测试,消除 TRC 系统异常隐患。

② 客运营销中心乘务专业完善司机故障处置及汇报流程,针对列车异常跳停问题开展专项培训。加强司机值乘状态的监控。

③ 客运营销中心站务专业针对行调命令记录及站台接发车要求开展专题培

训，提高员工对接发车作业等重复作业的关注程度。强化信息汇报流程培训，提高各类信息的上传下达效率。

④ TRC 系统问题解决前，调度中心制定相关把控措施。在中央进行修改或删除正线运行的非 CTC 列车车次号后，需进一步确认本地是否同步完成。针对大屏信息内容组织专项培训，提高行调对异常信息的关注程度。

▶5.1.9 车辆段接触网断线事件案例

1. 事件概况

某日下午，车辆厂 2 名调试人员对停放在某车辆段停车列检库的电客车进行预验收开口项处理与车门尺寸调节作业。

由于电客车风缸内气已排出，主风管内气压不足，不能实现常规列车唤醒升弓，且调试人员担心蓄电池电量不足，故使用脚踏泵进行升弓作业。

随后，一名调试人员通过脚踏泵将电客车 MP2 车受电弓升起，确认升弓继电器得电后唤醒列车开始进行调试作业，另一名调试人员进行监护。

接着，电客车 MP2 车受电弓与接触网开始存在拉弧现象。

接触网在电客车 MP2 车受电弓位置处断开，掉落车顶。

此次事件造成直接经济损失约 3 万元，未造成人员伤亡。

2. 事故原因分析

（1）直接原因

车辆厂调试人员对脚踏升弓要求不熟悉，采用脚踏泵升弓后未对受电弓气囊及时补气，使弓网接触压力不足而拉弧，导致接触网熔断。

（2）间接原因

① 车辆厂对现场调试人员技能培训、安全教育交底不到位，调试人员特殊操作技能水平不足。

② 车辆厂调试人员安全意识淡薄，在不熟悉操作要求的情况下违章冒险作业。

③ 车辆厂对调试现场作业风险辨识不足，未识别脚踏泵升弓作业可能存在

的风险。对于特殊操作，未在现场设置明显的警示或提示。

3. 整改防范措施

① 车辆厂加强对售后调试人员操作技能的培训。在现场明显位置张贴醒目警示标识及操作提示，给作业人员充分提醒。

② 地铁车辆段加强车辆现场调试的监督检查，督促车辆厂严格按操作规程调试作业。

▶5.1.10 车辆段电客车进入无电区事件案例

1. 事件概况

某日凌晨，某入段线区间消防管道波纹管破裂，OCC 组织抢修，对所在供电分区停电，同时安排各出场列车自出段线出场。

电环调发起送电流程。

随后，行调通知场调做好从出段线提前发车准备，此时场调询问行调正线是否具备接车条件，行调错误回复"具备接车条件"。

场调通知压道车司机发车。随后压道车动车，电环调执行接触网送电。

行调通知司机立即停车，此时列车停车位置已进入尚未完成送电的供电分区范围。

2. 事件原因分析

（1）直接原因

当班行调安全意识薄弱，作业流程执行不规范，未确认运营前检查结束、接触网未送电完成即告知场调正线具备接车条件，是导致本次事件发生的直接原因。

（2）间接原因

当班行调作业流程执行不规范，两名行调之间未做好互控。

行调在正线接触网未送电完成时，通知车站测试现场操作工作站（LOW），未要求车站将转换轨封锁停电防护保留。

OCC 未按要求在运营信息发布平台中发布该事件信息。

3. 整改防范措施

(1) 调度中心的整改防范措施

① 加强行调《行车组织通用规则》《行车调度工作手册》《运营信息管理办法》等规章制度学习，切实提升行调安全意识，形成良好的作业习惯。

② 加强各级调度《维修施工管理规则》学习，确保各调度员熟练掌握施工防护设置、撤除条件和时机，杜绝臆测作业、臆测发令等情况的发生。

(2) 各部门（中心）的整改防范措施

各部门（中心）要深入开展标准化作业、标准化用语培训，加强现场作业纪律检查，全面落实各项安全互控措施。

▶5.1.11 车站道岔挤岔事件案例

1. 事件概况

某日，开展新线运营前综合测试，信号系统出现故障，列车自动监控系统（ATS）车次框频繁显示紊乱，列车车组号随车次号发生变动。行调计划向某站上行列车发布调度命令，经 ATS 车次框界面显示确认该站上行列车车组号为 23 车（实际该车为 26 车）。

行调通过无线调度台单呼 23 车司机。

位于另一站折 I 道 23 车司机收到调度命令，在确认行调呼叫的车组号信息正确、但未确认位置准确的情况下应答行调，导致呼叫受令对象错误。

23 车司机驾驶列车以 RM 模式自另一站折 I 道运行至该站街上行过程中，发生挤岔。

道岔转辙机 B 机损坏，直接经济损失约 4 万元。

2. 事件原因分析

(1) 直接原因

信号厂家设备调试不到位，信号系统车次号紊乱，车组号随车次发生改变，导致行调通过车组号选择了错误的受令端,行调与司机在调度命令发布过程中用语不标准、信息确认不全面是此事件发生的直接原因。

（2）间接原因

① 信号系统问题。

信号系统功能缺陷较多,安全交底不全面。

首通段接管前,信号集成商对系统存在的问题及限制条件进行了交底,共形成 26 个系统功能问题相关安全限制条件及 7 项其他运营限制条件。根据交底情况,车次号方面只有"人工创建车次号时,若错误输入车组号,会导致针对列车的远程指令发送至错误列车上"一个问题,并未对车组号会随车次号的变化而变化进行交底。

首通段接管运行后,设备故障较多,功能不够稳定。

② 调度岗位运作问题。

行调通过 ATS 显示呼叫某站上行 23 车（按照列车位置、车组号尝试与司机建立呼唤应答）,司机在未确认列车位置的情况下回复了车组号,行调未发现并指出。

行调发布调度命令时语速过快。

现场确认事件信息时间较长,未能及时更新并发布运营信息。

③ 司机岗位运作问题。

23 车司机在接收调度命令时,未能准确辨识命令中列车位置错误信息,与调度建立呼唤应答时未回复位置信息,仅回复了车组号,呼唤应答制度执行不到位。

23 车运行至另一个站上行过程中,虽进行了道岔位置的确认,但由于司机瞭望条件受限、现场反应及制动操作效率等,未能在道岔前停车。

3. 整改防范措施

（1）综合维修中心的整改防范措施

① 对接机电中心、信号厂家进行全面的安全交底,明确 ATS 可实现的功能及实现条件,对未进行设备功能交底的,应明确责任归属。

② 全面排查梳理其他系统设施设备。

③ 如要求运营生产岗位进行功能恢复操作,须提供操作指引。

(2) 调度中心的整改防范措施

对退行、反方向运行、转换驾驶模式等调度命令按照行车计划类、发车凭证类、行车凭证类重新进行梳理、归类，完善调度命令标准用语。

(3) 客运营销中心的整改防范措施

① 开展司机道岔位置确认、进路安全确认的专项练习，针对连续过岔区段运行、越红运行、反方向运行、列车退行等情况制定专项的安全管理措施，提升司机限制条件运行时安全意识。

② 明确因列车运行速度异常人工控制列车停车的使用条件和要求，原则上应保证列车正常对标停稳。

另外，调度中心、客运营销中心等部门应加强调度、司机等行车岗位对调度命令的培训与练习，对调度命令收发强化发令端、受令端信息确认，提升调度命令执行的准确性。

▶5.1.12 车辆段试车线未准备好进路动车事件案例

1. 事件概况

某日，OCC 跟岗场调组织某车辆段进行列车调车作业时，未将进路中道岔锁定在正确位置即通知司机动车。司机在运行过程中发现道岔位置开通错误，立即在岔前拉停列车。

2. 事件原因分析

(1) 直接原因

某车辆段与试车线接口信号系统不具备安全防护功能，需调度司机人为把控现场安全。跟岗场调脱离当班场调监控下独立进行调车作业，且在办理调车作业时安全风险把控不到位，进路排列不完整，未将道岔单独锁定在正确位置即组织列车动车，为本次事件的直接原因。

(2) 间接原因

① 涉事班组对跟岗场调的管理不到位。

当班调度长及当班场调未对跟岗场调的调车作业做好监控。

② 系统、设施缺陷问题。

因试车线与车辆段接口未完成调试，与试车线接口信号防护功能不具备，限制条件较多，需调度司机对作业风险进行人为把控，存在一定安全隐患。

多数电客车的头灯的照射角度为斜上方，且光线聚焦过于分散，影响司机瞭望。

③ 调度岗位运作问题。

跟岗场调在未取得运营调度员上岗证、跟岗期间脱离当班场调监督下独立作业，存在较大安全隐患。班组交接班台账填写不规范，且当班场调未对跟岗场调的交接班情况做好监督。

④ 作业标准执行问题。

跟岗场调在办理调车作业时风险点卡控不到位，作业执行不标准。调度、司机沟通过程中用语不规范，作业过程中调度命令发布不标准。

3. 整改防范措施

① 综合维修中心与信号厂家对接，针对车辆段与试车线接口限制条件较多问题完成整改。进一步完善卡控措施，在保证安全的前提下尽可能优化卡控环节。

② 车辆中心对电客车头灯开展专项整改，确保电客车头灯聚焦范围及照射角度符合要求。

③ 调度中心完善跟岗调度的作业要求、培训要求、考核标准等，制定切实可行的措施，做好跟岗调度的管理。明确运营调度员岗位分工要求，确保岗位分工的合理性。进一步规范交接班制度，对班组交接班情况做好相应督促检查。

④ 各生产中心组织开展作业标准化专项提升活动。梳理在作业标准、信息沟通、标准用语等方面的难点、频道出错点，有针对性地进行强化提升。对各岗位的作业标准化执行情况及练习情况做好监督检查。

⑤ 各部门（中心）树立正确的信息上报导向，发生违章行为、运营安全事件等情况时及时、如实进行逐级上报，杜绝瞒报、漏报、不如实汇报等行为。

5.2 异物侵限

异物侵限的相关知识参见 3.2 节。

▶5.2.1 车辆段电客车碰撞侵限异物事件案例

1. 事件概况

某日,某车辆段静调库门口,列车在进入库门口穿过限界门时受电弓与限界门异物发生碰撞(图 5.2.1),导致接触网回路短路。

图 5.2.1 某车辆段受电弓与限界门异物碰撞

2. 事件原因分析

(1) 直接原因

限界门设备厂家日前车辆段进行限界门设备安装质量巡查。在进行尺寸数据测量时,在未联系车辆中心、未跟场调请点的情况下,厂家擅自在静调库限界门上方焊接一根对中找正的钢管,测量完毕后忘记拆除该处钢管。该钢管侵入车辆限界,在列车通过时卡住列车受电弓,导致接触网从该点接地,引跳供电保护开关,是本次事件发生的直接原因。

（2）间接原因

限界门已验收接管，车辆中心在日常维护维修管理中没能及时发现该钢管，也未对限界门的使用做出相关要求是本次事件发生的间接原因。

▶5.2.2 下行区间疏散平台异物侵限事件案例

1. 事件概况

某日早上，列车以 SM-C 模式运行到百米标 128 处时，司机发现前方约 70 m 处疏散平台上有异物侵入轨行区，立即采取快速制动停车。当时列车行驶速度为 70 km/h，制动后列车越过梯子 20 多米停车。司机立即汇报行调并做好客室广播。

1 min 后，司机凭行调命令前往处理异物，该异物为一把 2 m 左右的木质人字梯。司机将异物出清轨行区后报行调。

随后，司机凭行调命令以 SM-C 模式继续运行。

事件造成车体外部少许刮伤，导致列车晚点 6 min。

2. 事件原因分析

（1）直接原因

前日夜间，施工单位凭作业令在施工区域隧道内进行测量监测、堵漏、联络通道注浆作业。施工完毕后施工单位对施工现场未进行有效清场，将施工用木梯遗留在作业现场，是本次事件发生的直接原因。

（2）间接原因

区间人工巡道作业人员巡道至施工单位作业地点时，提醒施工单位注意防止物品侵限，之后继续巡道，当日凌晨折返回车站销点结束作业。施工单位作业人员未谨记巡道人员的提醒，在作业完毕后没有仔细确认是否有物品侵限。

施工登记簿上登记的监管人员由于一人负责三处施工地点，弱化了现场监护力度。

▶5.2.3 车站列车碰撞手推车事件案例

1. 事件概况

某日夜间,施工单位施工负责人前往一车站请点,所携带施工工器具有电焊机、电缆线、小推车、两个氧气瓶等。

次日,施工完毕,现场作业人员将小推车存放于联络通道泵房内,随后销点。

早上,列车以 60 km/h 左右的速度运行至该站与前方站的下行区间。司机发现前方疏散平台下方有异物侵限,立即采取快速制动。停车前列车与小推车发生碰擦,列车越过小推车约 40 m 后停车。

本次事件造成该列车 TC1、MP1 的 A 侧(面向出库方向的左侧)车体、转向架、底架吊挂设备表面多处碰伤(图 5.2.2、图 5.2.3),直接经济损失 3.5 万元。

图 5.2.2 列车碰撞后受损图

图 5.2.3 手推车碰撞后受损图

2. 事件原因分析

(1) 直接原因

施工单位在当日施工完毕后,为方便次日作业,将手推车直接存放于区间旁联络通道泵房内,且未做好防溜措施。在隧道列车活塞风作用下,手推车产生位移,坠入隧道区间,是本次事件发生的直接原因。

(2) 间接原因

维修车间未做好施工监管,现场把控意识薄弱。

乘务车间新司机安全意识不强,盲目认为前列车巡道后线路安全。事发地点受出洞口强光线影响,瞭望条件偏差,当班司机疏于瞭望。

▶5.2.4 车站工程车正线设备侵限事件案例

1. 事件概况

某日夜间,车站进行工程车(接触网检修作业车)正线调试过程中,车顶导线支撑装置侵入接触网限界,与接触网发生短路,导致该站 1 500 V 直流开关跳闸、接触网烧损(图 5.2.4、图 5.2.5)。

图 5.2.4　接触网检修车受损图

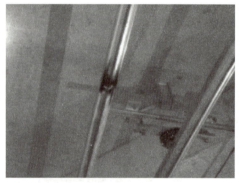
图 5.2.5　接触网烧损图

2. 事件原因分析

(1) 直接原因

车辆厂家技术人员于工程车正线调试前一个月进行接触网作业车检修平台理论与实操培训,培训完成后未撤除与调试作业无关的车顶导线支撑装置。当日列车出库前,未进行设备检查,导致导线支撑装置侵入接触网界限,与接触网发生短路。

(2) 间接原因

设备车间在车辆进场后,未对车辆的安全状态进行检查,盲目组织调试作业是本次事件发生的间接原因。

▶5.2.5 车站广告灯箱掉落侵限导致列车晚点事件案例

1. 事件概况

某日下午,车站下行广告灯箱脱落(图 5.2.6、图 5.2.7),影响下行列车通过,车站拍下下行急停按钮。

图 5.2.6　车站下行广告灯箱脱落后留下的钻孔图　　图 5.2.7　车站下行广告灯箱脱落现场

因异物无法移除,OCC 采用中断抢修处置,行调进行行车调整。

15 分钟后,广告灯箱移至安全区,人员工器具出清,具备通车条件,抢修结束。

为减少活塞风对其他广告灯箱影响,行调组织各次列车在该站进出站时限速 25 km/h 运行。

事件导致数趟列车晚点,最长晚点 21 min 32 s。

2. 事件原因分析

(1) 直接原因

施工单位在设备通道进行墙面粉刷时,擅自将广告灯箱的固定螺丝切除,造成广告灯箱脱落,是本次事件发生的直接原因。

(2) 间接原因

施工单位现场安全管理不到位,安全技术交底内容未结合现场实际情况,未交底到现场每一个工人,导致一线作业人员对墙上钢筋拉杆的实际用途不清楚,擅自切割,致使事件发生。

▶5.2.6 车站人防门侵限事件案例

1. 事件概况

某日中午,车站下行出站 50 m 处,人防门上小门位置发生偏移侵限,与列车发生碰撞后落入轨行区,导致该站 214 断路器大电流脱扣跳闸,联跳其他车站 212 断路器,重合闸成功,正线 4 个供电分区通过直流母排大双边供电。

随后,OCC 发布抢修令,启动相关应急预案,同时组织行车调整。

确认异物距车体尚有 10 cm 左右距离后,行调组织该列车限速 5 km/h 通过异物,通过异物后停车待令。

供电专业确认接触网设备正常,要求保持当前供电方式。行调按现场负责人要求安排后续列车限速 5 km/h 通过故障区段。

随后,故障点按照边运营边抢修进行处置,工务专业对异物进行固定,固定完毕后,人员工器具出清,抢修结束。

运营结束后,工务专业将人防门上小门运送至某车辆段存放。

2. 事件原因分析

(1) 直接原因

区间密闭潮湿环境下,列车运行过程中产生的风压和震动等因素可能对限位螺栓的固定作用产生影响,长期作用下逐步松动,定位轴逐步下滑,脱离上小门限位座,不能起到限位效果。门体发生移位侵限,与列车冲撞是本次事件发生的直接原因。

(2) 间接原因

在人防门质保期内施工单位未及时进行人防门设备设施培训交底、资料移交及维护保养。质保期结束后,工务车间未督促施工单位办理相关设备移交手续,未收集相关技术资料,对人防门维保、管理不到位是本次事件发生的间接原因。

▶5.2.7 车辆段镟轮电客车冲撞红闪灯事件案例

1. 事件概况

某日,某车辆段某列车转轨至镟轮库准备镟轮作业,作业计划时间为7天。

在作业计划时间内,设备车间开展该车镟轮工作,4天共完成该车19个(共24个)轮对的镟修作业。

第7天,开始剩余轮对镟修作业。

该日下午,工务专业施工请点成功,作业内容为线路综合保养,作业范围包含上述列车所停股道。

工务专业作业至上述股道,在相应信号机后设置红闪灯。

1小时后,车辆专业现场人员操作公铁两用车将镟轮列车推行至预定停车位置,推行过程中冲撞红闪灯(图5.2.8)。

图 5.2.8　被撞击后的红闪灯受损图

2. 事件原因分析

(1) 直接原因

车辆专业镟轮作业未申报施工计划,使该作业区域与工务专业施工区域有重叠,且镟轮车动车前未认真确认线路情况,是本次事件发生的直接原因。

(2) 间接原因

调度运输组织部门对车场施工管控不严,未按要求将镟轮作业纳入施工计划管控,允许镟轮作业不申报施工计划,是本次事件发生的间接原因。

▶ 5.2.8 车站屏蔽门后封板侵限事件案例

1. 事件概况

某日晚上,车站下行 2-4 屏蔽门风道梁后封板松脱,导致列车与后封板发生冲突,屏蔽门被拉至半开状态,触发信号紧制,司机、车站汇报 OCC。

OCC 发布抢修令。

随后,故障后封板初步处理完毕,并申请动车。

行调命令该列车司机限速 5 km/h 通过故障区域。

列车尾部出清该站站台,后续列车限速 25 km/h 通过故障区域。

2. 事件原因分析

屏蔽门施工单位在安装该站下行 2-4 屏蔽门过程中,未对风道梁后封板的固定角钢弯折处进行焊接和防腐处理。在震动和锈蚀的共同作用下,角钢弯折处发生断裂,造成后封板上部向轨行区侧倾倒,侵入行车限界,是本次事件发生的主要原因。

▶ 5.2.9 车辆段洗车库门侵限事件案例

1. 事件概况

某日,某车辆段组织列车洗车作业。

列车在洗车库前停稳,洗车操作人员与司机联控确认安全后,通知司机动车。

列车车头部越过库门后,司机听到右侧有异响,立即拉停列车并通知场调。

经检查,洗车库门处于侵限位置,与电客车发生剐蹭(图 5.2.9)。

图 5.2.9 洗车门与电客车剐蹭图

2．事件原因分析

（1）直接原因

洗车作业开始前，作业人员未对门体状态进行准确确认，使库门未开启到位，是本次事件发生的直接原因。

（2）间接原因

设备车间对确认列车具备可入库条件的要求不完善，未列明作业前检查内容是本次事件发生的间接原因。

5.3 接触网故障

接触网是地铁供电系统的重要组成部分，地铁接触网在运行过程中容易受到天气、人为因素的影响出现故障。

▶5.3.1 接触网故障类事件的相关知识

1. 定义

接触网是电气化轨道交通特有的、架设于列车车体上方的、向电力机车或电动车组供电的特殊供电线路。接触网故障一般是断电故障。

2. 事件致因

（1）人的不安全行为

人的不安全行为主要发生在对接触网停、送电，以及挂、拆地线的操作和轨行区作业过程中的误操作或违章操作。

（2）物的不安全状态

① 接触网设备自身故障，如接触网断线、绝缘子击穿、定位松脱等。

② 柔性接触网断线或定位松脱，刚性接触网线路因弓网关系不良导致受电弓打火、车辆辅助逆变器故障。

③ 非接触网设备设施侵限，如隧道土建设备设施、电客车车顶设备和接触网上部跨越电缆等。

④ 其他异物悬浮在接触网附件或缠绕接触网。

3. 预防措施

① 加强接触网养护作业，保证接触网本身状态良好。缩短易损耗元件的使用周期，及时更换。加强对绝缘棒及其连接线夹的检查。

② 保证车顶设备、隧道附属设备及过顶线缆的紧固，避免出现设备侵限而造成接触网或受电弓带电部分短路故障。

③ 加强员工的操作培训和安全教育培训。管理上要细化作业组织流程，如"停电—挂地线—拆地线—送电"要分步授权，从命令发布、设施发放、台账填写、操作监护等方面保证每一步操作的正确性。

④ 防止异物侵入接触网。劝导乘客不要持氢气球进站乘车，避免氢气球进入轨行区。在大风天气加强对地面及高架线路的巡视，发现接触网附近的漂浮物

要及时处理，避免其缠绕接触网或在列车经过时缠绕受电弓，使故障恶化。

▶5.3.2 车站汇流排上铁丝导致接触网跳闸事件案例

1. 事件概况

某日，列车以 SM-C 模式限速 25 km/h 运行至车站下行站台进站。列车头部到达 1-2 屏蔽门处时，列车顶部突然发出异响及火光，随后到达的列车也发出异响及火光，两次均造成接触网跳闸（图 5.3.1）。

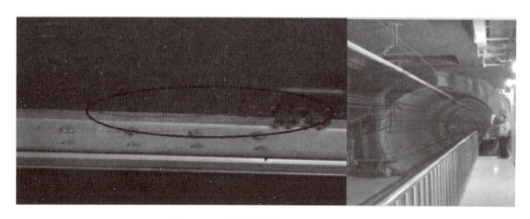

图 5.3.1　车站接触网跳闸现场照片

2. 事件原因分析

当日凌晨，工务在巡道作业时从轨行区清理出一根铁丝，后放置在车站下行尾端轨旁走道上。随后，施工单位在该处安装软灯带作业。作业人员经过此处时，脚下被该铁丝所绊，于是将铁丝踢飞，挂在了接触网汇流排上，后未将此事汇报作业负责人。接触网上铁丝没有得到及时处理，是本次事件发生的主要原因。

▶5.3.3 车站接触网供电分区停电事件

1. 事件概况

某日，车站 214 断路器大电流脱扣跳闸，联跳其他站 212 断路器，造成某供电分区断电，使 01003 次车迫停于区间。

OCC 启动列车救援预案，并于故障点恢复后通车。

本次事件造成线路各车站最大行车间隔为 26 min，另造成全线列车清客 4 列次，列车晚点 3 列次，下线 1 列次。

2. 事件原因分析

（1）直接原因

车站牵混所 214 断路器二次电缆槽盖板与合闸线圈保持电阻接触放电，致使合闸线圈保持电阻线圈烧损，使 214 断路器无法保持合闸状态，装置判断为大电流脱扣跳闸，联跳其他站 212 断路器，是此次事件发生的直接原因。

（2）间接原因

① 供电车间在日常的设备维修保养过程中没有能够及时发现故障问题。

② OCC 电调在故障处理操作大双边供电过程中，未能及时与值班调度长、行调做好协调沟通，信息不畅，多次造成跳闸。行调未联系司机确认列车故障信息，造成值班调度长对故障原因的误判，以至于采取了不恰当的应急处置措施，导致事件扩大。

▶5.3.4 车站上行接触网异物侵限事件案例

1. 事件概况

某日，车站上行站台 2-4 屏蔽门位置对应的轨行区，一根塑料软管松动悬挂侵限。

控制中心及时组织相关生产中心进行现场处置，并于 1 h 10 min 后全线恢复正常运营。

该事件造成全线列车晚点 6 列次，小交路运行 2 列次，调整清客 6 列次，最长晚点及最大行车间隔 24 min。

2. 事件原因分析

（1）直接原因

工务车间在该处进行漏水处理作业 2 次，第一次是邀请建设施工单位处置，第二次是工务委外单位处置，该异物为漏水处理作业遗留下来的塑料软管，在列车活塞风的作用下磨损脱落。

（2）间接原因

① 运营接管以来，工务车间多次组织隧道结构巡视作业，对此处存留的排水软管未予察觉。接触网工班前期巡视该站上行时，发现此处安全隐患，并将此情况通报至工务车间，但工务车间未引起足够重视并予以加固整改。

② 站务车间前期未组织对侵限异物进行处置。线路调度所前期未及时组织车站对侵限异物进行处置。供电车间在处置过程中时效长达 17 min，处置时间偏长，导致本次事件影响扩大。

▶5.3.5 车站接触网失电事件案例

1. 事件概况

某日，工班人员误操作工班复式工作站，导致车站牵混所内相关断路器、隔离开关分闸，两个供电分区失电。

6 分钟后，电调对失电的供电分区执行单边供电成功。

1 小时 40 分钟后，恢复正常供电。

2. 事件原因分析

设备厂家按机电车间要求，在复式工作站上增加了"查看程控卡片内容"功能，在实现查看功能的同时，复式工作站同时具备了能够远程操作的程控功能，而厂家未对此情况进行说明。

同时设备车间未对新增功能进行完整验证，未及时发现其具备相应控制功能的情况，亦未制定复式工作站相关终端管理规定。

工班人员误动工作站相关按键，触发所内断路器动作，导致本次事件的发生。

▶ 5.3.6　区间接触网异物侵限事件案例

1. 事件概况

某日下午，一下行列车次司机发现邻线（上行线）接触网上方有异物，影响行车，上报行调。

随后，上行列车司机发现异物后在异物前停车。

行调组织该列车单弓越过异物。

随即安排抢修人员添乘列车至现场进行异物处理。

抢修人员到达现场后下车处理异物，2 min 后异物处理完毕。

该次事件导致列车最长晚点 17 min 50 s。

2. 事件原因分析

（1）直接原因

受台风影响，异物飘落至接触网影响行车，是本次事件发生的直接原因。

（2）间接原因

① 行调接报列车司机接触异物信息时，未准确掌握上下行位置，对信息的收集、研判和传递过于随意，且两名行调间未做好信息沟通。

② 行调对现场处置、单弓过异物等未及时做出决策，被动等待现场反馈，延误列车发出。

③ 行调与上行列车司机确认现场情况和影响信息时，沟通效率较低，多次询问相似问题，且调度用语不标准。

④ 行调要求司机下车确认异物，司机未从远距离确认异物情况，未能对异物情况做出准确判断。

▶ 5.3.7　停车场列车弓网受损事件案例

1. 事件概况

某日，停车场某列车洗车作业完毕，列车司机与班组联控司机确认在洗车结束位停稳后，继续运行至尽头线处进行换端。随后列车司机在距信号机 1 米停车后准备进行换端，此时列车前弓越出接触网终点。换端完毕后准备动车，列车司机动车过程中听到异响随机拉停列车，导致停车场供电分区短时失电，接触网定位器、斜拉线被打断，该列车 MP2 受电弓受损。

事件造成该股道暂停使用 7 h 33 min，直接经济损失 9.9 万元。

2. 事件原因分析

（1）直接原因

司机对事发股道存在列车进入无网区的安全风险管控措施执行不到位，在未能找到现场临时停车牌情况下凭经验在距信号机 1 m 位置停车，导致列车越过接触网终点标，在换端作业后未确认安全动车造成受电弓钻弓。

（2）间接原因

停车场事发股道约有 55 m 的无接触网区域，接触网长度小于牵出线线路长度，且红灯信号机与车挡位置超出接触网终点的距离较远。

5.4 信号系统故障

▶5.4.1 信号系统故障类事件的相关知识

1. 定义

信号设备故障主要包括列车自动监控系统（ATS）故障、列车自动防护系统（ATP）故障、列车自动驾驶（ATO）故障、联锁故障、轨道电路故障等。对于信号设备故障，由于轨道交通系统采用的信号设备不同，处理的具体规定也不同，但基本原理是相同的。

2. 事件致因

① 信号设备系统自身设计缺陷、计算机系统故障、设备硬件质量缺陷、设

备接口接触不良等导致故障。

② 电源设备故障，无法向信号系统输出供电，导致信号设备失电，引发故障。

③ 线路异物入侵导致信号故障。

④ 工作人员未完全掌握信号设备系统使用方法导致误操作。

3. 预防措施

① 优先采用先进可靠的轨道交通信号系统设备，加强日常维检，保障信号系统安全稳定运行。

② 加强对信号设备电源系统的巡检力度，及时发现并消除隐患。推进信号电源系统深度维保工作，及时更换信号电源系统电容、风扇等易损器件，延长设备元器件使用寿命，提高系统稳定性。

③ 加强信号系统工作人员的业务培训，熟练掌握车站信号设备操作功能，提高信号人员对信号故障恢复的应急处理能力。

▶5.4.2 车站通信系统电源故障引起信号系统掉电事件案例

1. 事件概况

某日上午，通信维护员正在车站进行交换设备巡视，电源设备厂家工程师同时进行电源设备巡视。

电源设备厂家工程师巡视过程中未经通信维护员同意，擅自插拔配电柜内串口服务器网线，并插拔了串口服务器电源线，以此方法解除了电源系统通信故障。巡视结束后，通信维护员确认了通信设备工作正常后到车控室交还钥匙，未注意到车控室显示中断的状态。

该站通信电源柜两个交流接触器跳脱，造成该站及其后方两站上下行紧停触发，车控室内城市轨道交通综合监控系统（ISCS）操作终端黑屏、信号LOW机显示屏黑屏、闭路电视（CCTV）监视器黑屏。

2. 事件原因分析

(1) 直接原因

电源设备厂家工程师在未按照规定申请施工作业令的情况下擅动设备，插拔串口服务器电源时操作不当，造成电源插头打火或者在操作过程中引起两个交流接触器连线松动，引起两个接触器出现跳脱并快速恢复，在跳脱过程中引起信号设备和综合监控终端设备断电。

(2) 间接原因

通信维护员监管不力。

▶5.4.3 车站计轴故障事件案例

1. 事件概况

某日，车站两个不连续的轨道区段出现紫光带，经更换计轴卡板处理后，行调安排列车对故障区段出现的紫光带做压道恢复性处理。处理过程中，因道岔出现短闪现象，行车调整不力，造成列车晚点 26 min 到达该站下行站台。

2. 事件原因分析

(1) 直接原因

该站 B01 计轴机柜内 CH1002/CH1011 磁头的 VESBA 板死机，造成两个轨道区段产生计轴故障。压道作业正确的路径不清晰，选择了错误的压道路径，导致故障范围进一步扩大。

(2) 间接原因

厂家在项目实施过程中，未向通号专业提交设计文件，未说明超限绝缘与道岔操作命令的关系。信号专业及行调均未正式了解超限区段占用与道岔操作的要求，导致行车岗位和现场维修抢修人员均对此误判，以为道岔故障，导致故障扩大。

5.4.4 联锁区轨旁 ATP 故障导致列车晚点事件案例

1. 事件概况

某日上午,某线路 HMI 发生 A 类报警,多次列车产生信号紧制,大屏显示某站联锁区上下行轨道区段有白色虚线闪烁。

控制中心随即发布抢修令:该站联锁区轨旁设备发生故障。

ATP 计算机 XR3 重启成功,但故障现象未消除,现场负责人申请执行释放指令。

行调安排故障区域各次列车进站停稳。

释放指令操作完成,现场负责人申请抢修结束。

随后,行调进行现场小交路调整直至全线列车恢复正常运行。

该起事件导致列车晚点 22 列次,其中 15 min 以上晚点 14 列次,最长晚点 24 min 15 s,对运营服务造成较大影响。

2. 事件原因分析

(1) 直接原因

线路采用的 ATP 系统在设计方面存在严重缺陷。当 XR3 计算机发生故障时,设备无法及时进行冗余切换,造成 ATP 系统死机,是本次事件发生的主要原因。

(2) 间接原因

行调行车调整效率不高,部分列车扣停不及时,导致部分区间列车积压,影响了小交路调整的效率。

5.4.5 联锁站信号设备故障导致晚点事件案例

1. 事件概况

某日晚上,某联锁站信号电源系统 UPS1 功率模块发生逆变桥短路故障,导致该站信号设备房内所有机柜设备失电。该站联锁区内各站信号设备没有显示,车站及中央控制屏幕上无法显示列车位置。

约 5 分钟后，UPS1 退出服务，短路源消失，UPS2 重启成功，信号系统恢复正常供电，联锁区内各站信号设备恢复显示，但仍不能操作，该联锁站及其相邻车站全部计轴紫光带。

44 分钟后，信号设备集中站该联锁站区域计轴预复位成功。

又过了 15 分钟，运营分公司组织列车对计轴紫光带区域进行压道后，故障恢复。

该起事件造成列车晚点 23 列次，其中最大晚点 58 min 9 s。

2. 事件原因分析

UPS1 功率模块发生逆变桥短路故障，使 UPS 并机系统无法向信号系统输出供电，导致该联锁站信号设备房内所有机柜设备失电，该站联锁区发生信号设备故障，是本次事件发生的直接原因。

▶5.4.6　车站联锁区信号设备故障事件案例

1. 事件概况

某日晚上，车站信号电源系统 UPS 单机发生功率模块故障，使 UPS 并机系统无法向信号系统输出供电，导致该车站信号设备失电，该联锁区内所有列车紧急制动并要求进入 RM 模式，该联锁区内的车站 LOW 灰显（信号设备状态无显示），中央大屏、HMI、CLOW 显示界面中该联锁区灰显。

30 分钟内，车站重启登录 LOW 机 4 次，并多次执行"重启令解""释放指令"指令，LOW 机均提示"控制区域故障"。

2. 事件原因分析

（1）直接原因

车站信号电源系统 UPS 单机发生功率模块故障，使 UPS 并机系统无法向信号系统输出供电，导致该车站信号设备失电，该联锁区发生信号设备故障。

（2）间接原因

UPS 设备存在单机 UPS 功率模块故障，导致 UPS 并机无电源输出，发生信号设备失电故障的安全隐患，不满足技术合同中"并机系统中一台 UPS 发生故障，另一台 UPS 工作正常，不影响系统正常供电""当并机系统中的某一台 UPS 模块及并联系统出现故障时可自动退出并联系统，保证无故障 UPS 无间断地带起全部负载"等要求。

▶5.4.7 车辆段电客车进入占用股道事件案例

1. 事件概况

某日晚上，某车辆段列车回库过程中，因道岔位置错误而进入错误股道（图 5.4.1、图 5.4.2）。

图 5.4.1 道岔位置错误图

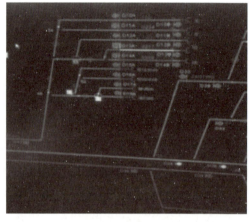

图 5.4.2 转辙机动作位置与微机联锁系统相反示意图

2. 事件原因分析

（1）直接原因

工班在转辙机中修作业，更换转辙机后相关接线接反，导致转辙机动作位置与微机联锁系统相反，作业人员施工结束后未进行有效的测试，直接导致事件发生。

(2)间接原因

车间未制定转辙机"中修"相关规程,且未严格执行工长现场把控制度,是事件发生的间接原因。

5.5 人员违章进入轨行区类事件

▶5.5.1 人员违章进入轨行区类事件的相关知识

1. 定义

非作业人员或作业人员未按照规定与指示进入轨行区。

2. 事故致因

① 调度命令发布用语不标准、命令理解传达有误,造成人员执行错误指令,误入轨行区。

② 车站员工或委外作业人员安全意识淡薄,对违章进入轨行区的危害认识不到位,或存侥幸心理。员工自控、互控执行不到位,未明确阻止其他人员违章进入轨行区的行为。

③ 车站端门管理存在漏洞,未严格执行《车站端门管理要求》。

④ 进入轨行区作业的人员未严格执行请销点制度和轨行区进入、出清制度。

3. 预防措施

① 客运营销中心加强车站各岗位作业流程标准化培训,提高员工业务技能水平及安全生产意识。

② 调度命令严格按照《运营行车标准用语》要求发令,强化车站各岗位对行车安全关键命令复诵意识。加强联控标准用语培训,认真做好自控、互控,避免传达或执行错误命令。

③ 客运营销中心加强对委外作业人员的安全教育培训。加强作业人员对工作场所建筑布局的了解与掌握，避免误入轨行区。明确车间、班组管理人员对委外作业人员的管理职责和监督检查要求。

④ 客运营销中心加强车站员工业务技能培训，提高员工端门安全把控意识。加强端门管理，严格执行《车站端门管理要求》，严格管控端门钥匙的使用。端门损坏等特殊情况下，应做好岗位自控、互控。

⑤ 提高司机的安全行车意识。针对列车行驶过程中司机进路瞭望不彻底、采取措施不果断等问题进行强化培训。

⑥ 提升员工施工作业安全意识。施工时严格按照《维修施工管理规则》执行请销点制度及进入、出清轨行区相关规章制度。

▶5.5.2 车站人员违规进入轨行区事件案例

1. 事件概况

某日下午，车站发现下行头端钢轨扣件处有异物。经现场判断，该异物影响行车，经调度长同意后，行调通知车站进行异物处理准备。

随后，值站到达端门处待令，因其未携带 800M 手持台，无法与行调联控。行调通知行值，要求值站携带 800M 手持台后再与行调联络。

行值误传行调命令，要求值站下轨行区处理异物，导致值站未经行调允许安排站台岗进入轨行区。1 分钟后异物处理完毕，行值汇报行调。

2. 事件原因分析

（1）直接原因

行调发令后，当班行值未按规定复诵，臆测行调命令并通知值站进入轨行区处理异物，是事件发生的直接原因。

（2）间接原因

安全教育不到位，当班行值安全意识不强。

▶5.5.3 车站工务委外人员违规进入轨行区事件案例

1. 事件概况

某日上午,车站工务委外人员准备前往工务值班室接班,前一班值班员告知其下行头端端门故障,可从上行尾端绕行。

随后,工务委外人员向车站人员申请打开上行尾端端门,站台人员核实其证件并经车控室同意后,打开端门。

工务委外人员进入端门后,未经联络通道通行,而经轨行区绕行至值班室。

2. 事件原因分析

(1) 直接原因

工务委外人员安全意识薄弱,未经行调允许擅自进入轨行区,且未与前一值班员进行书面工作交接,是本次事件发生的直接原因。

(2) 间接原因

委外单位安全培训不到位。站台人员漠视工务委外人员进入轨行区。

▶5.5.4 车站委外站务人员违规进入轨行区事件

1. 事件概况

某日下午,车站委外站务人员在下行尾端门内更换消防封条后,自行进入轨行区至疏散平台。

一列车司机行驶至该站路下行进站前约 150 m 处发现左侧疏散平台有人,采取紧急制动措施并报行调。

列车司机按照调度命令以 5 km/h 进站对标。

随后,该站委外站务人员从下行尾端端门撤出。

列车司机确认车站"好了"信号以列车自动驾驶(AM-CBTC)模式动车。

2. 事件原因分析

(1) 直接原因

车站值班站长责任意识薄弱,运营单位规章制度执行不到位,违规安排未取得上岗证资质的委外站务人员单独开展消防器材封条更换工作。该委外站务人员未得到允许,擅自进入轨行区是本次事件发生的直接原因。

(2) 间接原因

车站未按跟岗培训计划组织实施培训,对培训效果未进行有效评估,导致该委外站务人员对轨行区及进入轨行区的允许条件认识不足是本次事件发生的间接原因。

▶5.5.5 车站外单位人员未经允许进入轨行区事件案例

1. 事件概况

某日凌晨,外单位人员在车站进行接触网可视化施工,该施工由供电车间监管。

作业销点前,施工负责人通知信号专业人员,施工导致轨道区段编号红闪。

信号专业人员接到通知后赶赴车站,到达现场后未联系施工负责人,而是至车控室告知行值要进入轨行区进行故障处理。在未得到行调允许的情况下,信号专业人员擅自使用设备钥匙打开端门进入轨行区,导致事件发生。

2. 事件原因分析

(1) 直接原因

信号专业人员安全意识不强,在未得到行调允许的情况下,擅自使用设备钥匙打开端门进入轨行区,是本次事件发生的直接原因。

(2) 间接原因

车间未跟进员工对规章制度的掌握情况,是本次事件发生的间接原因。

▶ 5.5.6　车辆段保洁员误进限禁区域案例

1. 事件概况

某日下午，某车辆段物业项目保洁员跟随施工单位作业人员刷卡进入施工清点区域，作业员发现有人跟随后进行制止。

35 分钟后，作业人员作业结束，施工负责人确认本作业相关人员、工器具出清，进行了销点，但保洁员仍在该区内。

随后，列车司机在整备作业时发现该区内有保洁员，立即向场调汇报。

车辆段场调至现场将保洁员带出。

2. 事件原因分析

（1）直接原因

作业人员安全意识薄弱，发现有人跟随进入限禁区域后未进行身份核实，出清时未确认跟随人员的出清情况是本次事件发生的直接原因。

（2）间接原因

车辆中心检修车间对库区保洁作业管理不到位。库区保洁作业流程不明确，风险管控措施不到位。

5.6　其他运营类事件

▶ 5.6.1　列车客室通道门夹人事件案例

1. 事件概况

某日上午，电客车司机学员值乘列车以自动驾驶模式运行至车站下行站台。

开关门作业完毕后,学员发现 ATO 按钮无效,信号屏显示 BTN 叉号。

随后,学员打开通道门呼唤带教司机进司机室协助处理。带教司机立即起身从通道门进入司机室。带教司机进入司机室后,边通知学员采用受 ATP 监控的人工驾驶(SM)模式动车,边将通道门顺手关闭。学员动车时,司机听到通道门处有一名女乘客呼喊,于是立刻打开通道门,发现女乘客手指被夹伤。由于当时已经动车,司机立即向乘客道歉,并表示到达下一站时会有工作人员进行处理。司机立即将信息汇报班组长,但未及时通知行调。

列车到达下一站下行站台,司机进入客室陪同受伤乘客到站台,并交予站务人员处理。

本次事件导致乘客小指粉碎性骨折。

2. 事件原因分析

(1) 直接原因

事发时乘客小拇指误放在门轴侧夹缝内,不易观察。司机在使用通道门过程中,未按照要求执行"关闭前,提醒附近乘客不要把手搭靠在通道门及门框上并再三确认安全后方可关闭通道门"规定,操作不规范是事件发生的直接原因。

(2) 间接原因

① 车间安全教育培训不到位。车间针对通道门在列车运行过程中自行打开的情况进行了关通道门注意事项的规定,但司机在实际操作中没有根据要求进行相应的提醒和操作。

② 车间相关管理规定违反运营分公司相关规章制度。乘务车间员工通过车间鉴定后即允许员工独立在正线进行驾驶,违反运营公司相关规定,存在重大安全隐患。

3. 整改防范措施

① 客运营销中心应加强对乘务车间乘务工作的安全检查力度。

② 乘务车间应严格执行《乘务司机管理要求》,学习司机未取得上岗证前严禁单独在司机室驾驶操作,必须有带教师傅在身边指导。

③ 乘务车间司机原则上不使用通道门出入客室,尽量使用车站端门和司机室侧门。关闭通道门时,司机应站在客室内关闭通道门,再从车站端门进入司机

室，关门时注意观察门周边及提醒乘客。

④ 发生客伤事件时，司机应第一时间汇报行调，便于后续事件处理。

▶5.6.2 车站停车制动不缓解事件案例

1. 事件概况

某日晚上，某站上行进站列车停车制动不缓解，经过司机施加制动隔离后限速 15 km/h 运行至该站存车线。

该事件造成该站上行最大行车间隔 32 min。

2. 事件原因分析

（1）直接原因

车辆转向架（图 5.6.1）下停放制动管接头与不锈钢管接头出现松脱现象，产生漏气，导致停放制动缸压力过低，造成列车停放制动不缓解。

图 5.6.1　车站停车制动不缓解事件中的车辆转向架

（2）间接原因

车辆供货商设计缺陷。车辆转向架下停放制动管接头与不锈钢管接头连接方式存在缺陷，在对其他车辆的检查中亦发现类似问题存在。

3. 整改防范措施

① 检修车间加强对车辆软管接头存在松动隐患问题的日常排查整改，精检

细修，不放过设备细小的缺陷，提高设备维修保养质量。

② 技调部各级调度加强对设备故障处置指南的学习，在故障处理关键点应起到提醒义务。严格执行调度命令复诵确认流程，对于各专业回馈的重要信息须及时做出响应，防止遗漏。

③ 各级岗位人员在"统一指挥"的原则下服从调度的命令。当调度命令存在明显偏差、对运营安全造成影响时，须及时向调度提出疑问。

▶5.6.3　车站上行接触网带电接挂地线事件案例

1. 事件概况

某日凌晨，设备车间作业人员配合工务车间进行施工作业。在未确认地线接挂位置的情况下，在接挂地线操作时，挂错供电分区定位点，导致一供电分区接触网接地短路，同时造成该站牵引降压混合变电所211断路器保护动作。（图5.6.2）

图5.6.2　车站接触网带电接挂地线事件现场

2. 事件原因分析

（1）直接原因

设备车间施工配合人员作业开始前未做安全预想，对接挂地线位置认识模糊。接挂地线作业时亦未按接挂地线标准流程对地线位置进行核对。配合作业负责人下达接挂地线指令后未对作业做好监控措施，操作人员盲目听从指令，失去互控，是此次事件发生的直接原因。

（2）间接原因

① 验电器接地线内部断线，验声正常，但接触带电体时验电无声，使操作

人员产生错误判断。

② 当班设备车间作业人员安全意识薄弱，作业前安全预想不充分。对地线接挂组织程序不熟，业务技能不强。作业时态度松散，未按规定操作流程作业，且未执行双人确认制度。

③ 设备车间对验电器日常检查不充分，未及时发现验电器故障。

3. 整改防范措施

① 供电车间加强员工接挂地线作业流程的培训和对《接触网安全工作规程》的培训。加强员工监管互控程序的管理，对接挂地线流程进行完善，细化双人确认、手指口呼、呼唤应答等程序内容。加强作业现场监控力度。

② 接触网专业在作业计划开始前，将作业区域的相邻供电分区带电情况纳入安全预想工作中，对作业区域内相邻的供电分区分段绝缘器、绝缘锚段关节处两边的带电情况需写入针对性安全措施，并在标示图上进行标识。

③ 供电机电中心、车辆中心严格排查所有接触网验电器，对不合格的验电器及时进行更换。建立定期检查及使用前检查制度，确保验电器工作状态正常。供电机电中心完善验电作业相关操作流程，避免因操作不当造成验电器损坏，并将验电器故障列入危险源，做好安全把控措施。

④ OCC加强设调抢修组织流程学习，抢修令发布后及时通知行调和相关车站。

▶5.6.4　车站出入口扶梯故障事件案例

1. 事件概况

某日上午，车站一出入口出站电扶梯运行中突发梯级故障，下部8级梯级隆起、脱落，检修盖板翘起。

车站人员立即赶赴现场设置防护措施，对受伤乘客进行安抚，同时关闭该出入口。

半小时后，中心组织人员现场抢修；电扶梯故障梯级完成修复并通过检测后投入正常运行，同时车站恢复开启该出入口。

2. 事件原因分析

(1) 直接原因

异物卡阻造成梯级变形并冲击前沿板导致扶梯急停。

(2) 间接原因

中心电扶梯专业技术力量薄弱,落实特种设备管理要求不到位,对委外单位维保质量监管不到位。

3. 整改防范措施

① 完善电梯月检、季检、半年检、年检的作业指导书,重视螺丝松动、链条涂油、轴承锈蚀、积灰积尘等关键内容。

② 提升电扶梯维保质量,督促厂家针对大客流、换乘站、全露天、靠河流的扶梯加密检查频次,对于扶梯异响等问题及时进行维修处理。

③ 加强对特种设备的监管,供电机电中心联合特检院、电梯厂家人员定期对全线扶梯开展维保抽查、功能测试、交叉检查,提升维保质量水平。

④ 完善对委外单位的管理要求,加强对委外单位人员资质、特种设备管理、维保质量方面的监管,严格落实考核措施,提高对委外单位的监管水平。

⑤ 加强对车站出入口电扶梯的监控,确保及时发现问题。

▶5.6.5 车站站厅站台积水事件案例

1. 事件概况

车站一出入口因4根电力管线无法切割,结构施工时采取了原位保护措施,电力管线横穿出入口。

某日,受台风影响发生强降雨。雨水经外部电缆井流入电缆管道,因水压过大导致电缆套管破裂,雨水流入车站,车站中断服务2 h。

2. 事件原因分析

(1) 直接原因

因该出入口雨水漫至电缆管内,电缆管内积水通过国家电网电缆管线外套管破损处流入车站，导致站厅、站台积水是本次事件发生的直接原因。

（2）间接原因

① 运营公司对防汛薄弱点管控措施落实不到位，应急处置效率不高。

② 建设公司对该号口设施缺陷未落实整改。该出入口为运营未接管出入口，电缆管道有破损，一直存在电缆井内积水灌入车站的风险。事发前1个月左右，运营分公司发现电缆线管漏水情况后立即向建设分公司反馈了此信息，但问题未得到有效解决或有效管控。

③ 各生产中心对车站该出入口雨水倒灌风险不重视，信息掌握不全，管控措施落实不到位。

④ 车站运营前检查发现站厅、站台积水，未及时进行信息汇报，且汇报内容不全。车站在汇报积水来源时存在主观臆测行为。设调信息通报不及时。

3. 整改防范措施

① 深入排查存在雨水倒灌的防汛薄弱点，形成防汛风险清单。

② 开展全员防汛专题学习培训，加强信息确认、信息汇报、抢修组织的实操练习，提高现场处置效率。

③ 加强对专业应急救援队伍的管理，完善对专业应急救援队伍管理的工作方案，细化救援队伍的要求及标准，明确启动专业应急救援队伍的时机及场景。细化应急响应程序，提高应急处置效率。

复习思考题

1. 行车类事件有哪些类型，应采取什么预防措施？

2. 接触网故障的常见原因有哪些？

3. 信号系统故障事件有哪些类型，应采取什么预防措施？

附录一 城市轨道交通建设工程质量安全事故应急预案管理办法

第一章 总 则

第一条 为规范城市轨道交通建设工程质量安全事故应急预案（以下简称应急预案）管理，完善应急预案体系，增强应急预案的针对性、实用性和可操作性，依据《中华人民共和国突发事件应对法》、《建设工程安全生产管理条例》和《突发事件应急预案管理办法》等有关法规、规定，制定本办法。

第二条 县级以上地方人民政府承担城市轨道交通建设工程质量安全监督管理职责的部门（以下简称建设主管部门）、建设单位、施工单位的应急预案编制、评审、发布、备案、培训、演练、评估和修订等工作适用本办法。

第三条 应急预案管理应当遵循综合协调、分级负责、属地为主、企地衔接、动态管理的原则。

第四条 应急预案应当符合有关法律、法规、规章和上级预案的规定，符合工作实际和工程项目实际情况。

第二章 预案编制和内容

第五条 应急预案体系包括综合应急预案、工程项目应急预案和现场处置方案。

建设主管部门应当编制本部门综合应急预案；

建设单位应当编制本单位综合应急预案，并按照影响工程周边环境事故类别编制工程项目应急预案；

施工单位应当编制所承担工程项目的综合应急预案，并按工程事故、影响周边环境事故类别编制工程项目应急预案，同时制定事故现场处置方案。

第六条 各类应急预案编制内容各有侧重。

综合应急预案是对城市轨道交通建设工程质量安全事故应对工作的总体安排。主要规定工作原则、组织机构、预案体系、事故分级、监测预警、应急处置、应急保障、培训、演练与评估等，是应对城市轨道交通建设工程各类质量安全事故的综合性文件。

工程项目应急预案是指针对某一类型或某几种类型城市轨道交通建设工程质量安全事故而预先制定的工作方案。主要规定应急响应责任人、风险防范和监测、信息报告、预警响应、应急处置、人员疏散组织和路线、可调用或可请求援助的应急资源情况以及实施步骤等，体现自救互救、信息报告和先期处置特点。

现场处置方案是指针对某一特定城市轨道交通建设工程事故现场处置工作而预先制定的方案。主要规定现场应急处置程序、技术措施及实施步骤。侧重于细化企业先期处置，明确并落实生产现场带班人员、班组长和调度人员直接处置权和指挥权；严格遵守安全规程，科学组织有效施救，确保救援人员安全，并强化救援现场管理。现场处置方案是工程项目应急预案的技术支持性文件。

第七条 编制应急预案应当在开展风险评估、应急资源调查和能力评估的基础上进行。质量安全风险类别见附件。

第八条 建设主管部门、建设单位、施工单位编制的应急预案应当相互衔接，并与所涉及的其他部门和单位应急预案相衔接。

第九条 应急组织机构、应急救援队伍、应急装备物资储备清单、应急集结路线图等应急资源信息应当及时更新，确保信息准确有效。建设主管部门、建设单位、施工单位可根据实际需要建立应急资源管理信息系统，实现应急资源信息的及时更新与管理。

第三章 预案评审和发布

第十条 建设主管部门、建设单位、施工单位应当对各自编制的综合应急预案组织评审。工程项目应急预案和现场处置方案可视情况组织评审。

第十一条 评审人员应当包括城市轨道交通工程安全生产或应急管理方面的专家，预案涉及的其他部门和单位相关人员。

评审人员与应急预案编制单位不得存在隶属关系。

第十二条 评审的主要内容包括：

（一）应急预案是否符合有关法律、行政法规等，是否与有关应急预案进行了衔接；

（二）主体内容是否完备，组织体系是否科学合理，责任分工是否合理明确；

（三）风险评估及防范措施是否具有针对性；

（四）响应级别设计是否合理，应对措施是否具体简明、管用可行；

（五）应急保障资源是否完备，应急保障措施是否可行。

评审后应形成书面评审意见。

第十三条　应急预案发布前，编制单位应当征求预案涉及的其他部门和单位意见。

第十四条　应急预案应经编制单位主要负责人或分管城市轨道交通工程质量安全的负责人审批。审批方式根据实际情况确定。

第十五条　应急预案发布后，编制单位应当将预案送达预案涉及的其他部门和单位。

第四章　预案备案

第十六条　应急预案编制单位应当在综合应急预案印发后 20 个工作日内，向有关单位备案：

（一）建设主管部门综合应急预案报送本级人民政府和上一级行政主管部门备案；

（二）建设单位综合应急预案报送建设主管部门备案；

（三）施工单位综合应急预案报送工程所在地建设主管部门和建设单位备案。

第十七条　应急预案备案时，应当提交以下材料：

（一）应急预案文本及电子文档；

（二）应急预案评审意见。

第五章　演练和培训

第十八条　应急预案编制单位应当建立应急演练制度，根据实际情况采取实战演练、桌面推演等方式，组织开展联动性强、形式多样、节约高效的应急演练。

第十九条　建设主管部门、建设单位、施工单位应当制定应急预案演练计划，结合实际情况定期组织预案演练。建设主管部门每 3 年至少组织一次综合应急预案演练；建设单位、施工单位应当有针对性地经常组织开展应急演练，每年至少组织一次，视情况可加大演练频次。

第二十条 建设主管部门、建设单位、施工单位应当对应急预案演练进行评估，并针对演练过程中发现的问题，对应急预案提出修订意见。评估和修订意见应当有书面记录，并及时存档。

鼓励委托第三方进行演练评估。

第二十一条 建设单位、施工单位应当定期开展应急预案和相关知识的培训，至少每年组织一次，并留存培训记录。应急预案培训应覆盖预案所涉及的相关单位和人员。建设主管部门应当监督检查培训开展情况。

第六章　评估和修订

第二十二条 应急预案编制单位应当建立定期评估制度，分析评价预案内容的针对性、实用性和可操作性，实现应急预案的动态优化和科学规范管理。

第二十三条 有下列情况之一的，应急预案编制单位应当修订预案，修订情况应有记录并归档：

（一）有关法律、法规、规章、标准、上位预案中的有关规定发生变化的；

（二）应急指挥机构、主要负责人及其职责发生调整的；

（三）城市轨道交通工程建设规模发生较大变化的；

（四）城市轨道交通工程质量安全风险发生较大变化的；

（五）城市轨道交通工程设计方案、施工工法等发生较大变化的；

（六）在事故应对和应急演练中发现重大问题，需要作出调整的；

（七）应急预案编制单位认为应当修订的其他情况。

第二十四条 对组织指挥体系与职责、应急处置程序、主要处置措施、分类分级标准等重要内容进行修订的，应当按本办法规定进行评审和备案。

第七章　人力和经费保障

第二十五条 建设主管部门、建设单位和施工单位要指定专门机构和人员负责应急预案的编制、评审、备案、培训、演练、评估和修订等工作。

第二十六条 建设主管部门、建设单位和施工单位应将应急预案编制、评审、培训、演练、评估和修订等工作所需经费纳入预算，统筹安排；建设单位和施工单位应按照预案要求落实相应的应急物资、装备及队伍，保证相应费用的投入。确保专款专用，不得挪用。

第八章 附 则

第二十七条 县级以上建设主管部门可以依据本办法的规定，结合本部门实际制定实施细则。

第二十八条 本办法由住房城乡建设部负责解释。

第二十九条 本办法自印发之日起施行。

附录二 国家城市轨道交通运营突发事件应急预案

1 总则

1.1 编制目的

1.2 编制依据

1.3 适用范围

1.4 工作原则

1.5 事件分级

2 组织指挥体系

2.1 国家层面组织指挥机构

2.2 地方层面组织指挥机构

2.3 现场指挥机构

2.4 运营单位

2.5 专家组

3 监测预警和信息报告

3.1 监测和风险分析

3.2 预警

3.3 信息报告

4 应急响应

4.1 响应分级

4.2 响应措施

4.3 国家层面应对工作

5 后期处置

5.1 善后处置

5.2 事件调查

5.3 处置评估

6 保障措施

6.1 通信保障

6.2 队伍保障

6.3 装备物资保障

6.4 技术保障

6.5 交通运输保障

6.6 资金保障

7 附则

7.1 术语解释

7.2 事件分级标准

7.3 预案管理

7.4 预案解释

7.5 预案实施时间

1 总则

1.1 编制目的

建立健全城市轨道交通运营突发事件（以下简称运营突发事件）处置工作机制，科学有序高效应对运营突发事件，最大程度减少人员伤亡和财产损失，维护社会正常秩序。

1.2 编制依据

依据《中华人民共和国突发事件应对法》、《中华人民共和国安全生产法》、《生产安全事故报告和调查处理条例》、《国家突发公共事件总体应急预案》及相关法律法规等，制定本预案。

1.3 适用范围

本预案适用于城市轨道交通运营过程中发生的因列车撞击、脱轨，设施设备故障、损毁，以及大客流等情况，造成人员伤亡、行车中断、财产损失的突发事件应对工作。

因地震、洪涝、气象灾害等自然灾害和恐怖袭击、刑事案件等社会安全事件以及其他因素影响或可能影响城市轨道交通正常运营时，依据国家相关预案执行，同时参照本预案组织做好监测预警、信息报告、应急响应、后期处置等相关应对工作。

1.4 工作原则

运营突发事件应对工作坚持统一领导、属地负责，条块结合、协调联动，快速反应、科学处置的原则。运营突发事件发生后，城市轨道交通所在地城市及以上地方各级人民政府和有关部门、城市轨道交通运营单位（以下简称运营单位）应立即按照职责分工和相关预案开展处置工作。

1.5 事件分级

按照事件严重性和受影响程度，运营突发事件分为特别重大、重大、较大和一般四级。事件分级标准见附则。

2 组织指挥体系

2.1 国家层面组织指挥机构

交通运输部负责运营突发事件应对工作的指导协调和监督管理。根据运营突发事件的发展态势和影响，交通运输部或事发地省级人民政府可报请国务院批准，或根据国务院领导同志指示，成立国务院工作组，负责指导、协调、支持有关地方人民政府开展运营突发事件应对工作。必要时，由国务院或国务院授权交通运输部成立国家城市轨道交通应急指挥部，统一领导、组织和指挥运营突发事件应急处置工作。

2.2 地方层面组织指挥机构

城市轨道交通所在地城市及以上地方各级人民政府负责本行政区域内运营突

发事件应对工作，要明确相应组织指挥机构。地方有关部门按照职责分工，密切配合，共同做好运营突发事件的应对工作。

对跨城市运营的城市轨道交通线路，有关城市人民政府应建立跨区域运营突发事件应急合作机制。

2.3 现场指挥机构

负责运营突发事件处置的人民政府根据需要成立现场指挥部，负责现场组织指挥工作。参与现场处置的有关单位和人员应服从现场指挥部的统一指挥。

2.4 运营单位

运营单位是运营突发事件应对工作的责任主体，要建立健全应急指挥机制，针对可能发生的运营突发事件完善应急预案体系，建立与相关单位的信息共享和应急联动机制。

2.5 专家组

各级组织指挥机构及运营单位根据需要设立运营突发事件处置专家组，由线路、轨道、结构工程、车辆、供电、通信、信号、环境与设备监控、运输组织等方面的专家组成，对运营突发事件处置工作提供技术支持。

3 监测预警和信息报告

3.1 监测和风险分析

运营单位应当建立健全城市轨道交通运营监测体系，根据运营突发事件的特点和规律，加大对线路、轨道、结构工程、车辆、供电、通信、信号、消防、特种设备、应急照明等设施设备和环境状态以及客流情况等的监测力度，定期排查安全隐患，开展风险评估，健全风险防控措施。当城市轨道交通正常运营可能受到影响时，要及时将有关情况报告当地城市轨道交通运营主管部门。

城市轨道交通所在地城市及以上地方各级人民政府城市轨道交通运营主管部门，应加强对本行政区域内城市轨道交通安全运营情况的日常监测，会同公安、国土资源、住房城乡建设、水利、安全监管、地震、气象、铁路、武警等部门（单位）和运营单位建立健全定期会商和信息共享机制，加强对突发大客流和洪涝、气象灾害、地质灾害、地震等信息的收集，对各类风险信息进行分析研判，并及时将可能导致运营突发事件的信息告知运营单位。有关部门应及时将可能影响城市轨道交通正常运营的信息通报同级城市轨道交通运营主管部门。

3.2 预警

3.2.1 预警信息发布

运营单位要及时对可能导致运营突发事件的风险信息进行分析研判，预估可能造成影响的范围和程度。城市轨道交通系统内设施设备及环境状态异常可能导致运营突发事件时，要及时向相关岗位专业人员发出预警；因突发大客流、自然灾害等原因可能影响城市轨道交通正常运营时，要及时报请当地城市轨道交通运营主管部门，通过电视、广播、报纸、互联网、手机短信、楼宇或移动电子屏幕、当面告知等渠道向公众发布预警信息。

3.2.2 预警行动

研判可能发生运营突发事件时，运营单位视情采取以下措施：

（1）防范措施

对于城市轨道交通系统内设施设备及环境状态预警，要组织专业人员迅速对相关设施设备状态进行检查确认，排除故障，并做好故障排除前的各项防范工作。

对于突发大客流预警，要及时调整运营组织方案，加强客流情况监测，在重点车站增派人员加强值守，做好客流疏导，视情采取限流、封站等控制措施，必要时申请启动地面公共交通接驳疏运。城市轨道交通运营主管部门要及时协调组织运力疏导客流。

对于自然灾害预警，要加强对地面线路、设备间、车站出入口等重点区域的检查巡视，加强对重点设施设备的巡检紧固和对重点区段设施设备的值守监测，做好相关设施设备停用和相关线路列车限速、停运准备。

（2）应急准备

责令应急救援队伍和人员进入待命状态，动员后备人员做好参加应急救援和处置工作准备，并调集运营突发事件应急所需物资、装备和设备，做好应急保障工作。

（3）舆论引导

预警信息发布后，及时公布咨询电话，加强相关舆情监测，主动回应社会公众关注的问题，及时澄清谣言传言，做好舆论引导工作。

3.2.3 预警解除

运营单位研判可能引发运营突发事件的危险已经消除时，宣布解除预警，适时终止相关措施。

3.3 信息报告

运营突发事件发生后,运营单位应当立即向当地城市轨道交通运营主管部门和相关部门报告,同时通告可能受到影响的单位和乘客。

事发地城市轨道交通运营主管部门接到运营突发事件信息报告或者监测到相关信息后,应当立即进行核实,对运营突发事件的性质和类别作出初步认定,按照国家规定的时限、程序和要求向上级城市轨道交通运营主管部门和同级人民政府报告,并通报同级其他相关部门和单位。运营突发事件已经或者可能涉及相邻行政区域的,事发地城市轨道交通运营主管部门应当及时通报相邻区域城市轨道交通运营主管部门。事发地城市及以上地方各级人民政府、城市轨道交通运营主管部门应当按照有关规定逐级上报,必要时可越级上报。对初判为重大以上的运营突发事件,省级人民政府和交通运输部要立即向国务院报告。

4 应急响应

4.1 响应分级

根据运营突发事件的严重程度和发展态势,将应急响应设定为Ⅰ级、Ⅱ级、Ⅲ级、Ⅳ级四个等级。初判发生特别重大、重大运营突发事件时,分别启动Ⅰ级、Ⅱ级应急响应,由事发地省级人民政府负责应对工作;初判发生较大、一般运营突发事件时,分别启动Ⅲ级、Ⅳ级应急响应,由事发地城市人民政府负责应对工作。对跨城市运营的城市轨道交通线路,有关城市人民政府在建立跨区域运营突发事件应急合作机制时应明确各级应急响应的责任主体。

对需要国家层面协调处置的运营突发事件,由有关省级人民政府向国务院或由有关省级城市轨道交通运营主管部门向交通运输部提出请求。

运营突发事件发生在易造成重大影响的地区或重要时段时,可适当提高响应级别。应急响应启动后,可视事件造成损失情况及其发展趋势调整响应级别,避免响应不足或响应过度。

4.2 响应措施

运营突发事件发生后,运营单位必须立即实施先期处置,全力控制事件发展态势。各有关地方、部门和单位根据工作需要,组织采取以下措施。

4.2.1 人员搜救

调派专业力量和装备,在运营突发事件现场开展以抢救人员生命为主的应急救援工作。现场救援队伍之间要加强衔接和配合,做好自身安全防护。

4.2.2 现场疏散

按照预先制订的紧急疏导疏散方案，有组织、有秩序地迅速引导现场人员撤离事发地点，疏散受影响城市轨道交通沿线站点乘客至城市轨道交通车站出口；对城市轨道交通线路实施分区封控、警戒，阻止乘客及无关人员进入。

4.2.3 乘客转运

根据疏散乘客数量和发生运营突发事件的城市轨道交通线路运行方向，及时调整城市公共交通路网客运组织，利用城市轨道交通其余正常运营线路，调配地面公共交通车辆运输，加大发车密度，做好乘客的转运工作。

4.2.4 交通疏导

设置交通封控区，对事发地点周边交通秩序进行维护疏导，防止发生大范围交通瘫痪；开通绿色通道，为应急车辆提供通行保障。

4.2.5 医学救援

迅速组织当地医疗资源和力量，对伤病员进行诊断治疗，根据需要及时、安全地将重症伤病员转运到有条件的医疗机构加强救治。视情增派医疗卫生专家和卫生应急队伍、调配急需医药物资，支持事发地的医学救援工作。提出保护公众健康的措施建议，做好伤病员的心理援助。

4.2.6 抢修抢险

组织相关专业技术力量，开展设施设备等抢修作业，及时排除故障；组织土建线路抢险队伍，开展土建设施、轨道线路等抢险作业；组织车辆抢险队伍，开展列车抢险作业；组织机电设备抢险队伍，开展供电、通信、信号等抢险作业。

4.2.7 维护社会稳定

根据事件影响范围、程度，划定警戒区，做好事发现场及周边环境的保护和警戒，维护治安秩序；严厉打击借机传播谣言制造社会恐慌等违法犯罪行为；做好各类矛盾纠纷化解和法律服务工作，防止出现群体性事件，维护社会稳定。

4.2.8 信息发布和舆论引导

通过政府授权发布、发新闻稿、接受记者采访、举行新闻发布会、组织专家解读等方式，借助电视、广播、报纸、互联网等多种途径，运用微博、微信、手机应用程序（APP）客户端等新媒体平台，主动、及时、准确、客观向社会持续动态发布运营突发事件和应对工作信息，回应社会关切，澄清不实信息，正确引导社会舆论。信息发布内容包括事件时间、地点、原因、性质、伤亡情况、应对措施、救援进展、公众需要配合采取的措施、事件区域交通管制情况和临时交通措施等。

4.2.9 运营恢复

在运营突发事件现场处理完毕、次生灾害后果基本消除后,及时组织评估;当确认具备运营条件后,运营单位应尽快恢复正常运营。

4.3 国家层面应对工作

4.3.1 部门工作组应对

初判发生重大以上运营突发事件时,交通运输部立即派出工作组赴现场指导督促当地开展应急处置、原因调查、运营恢复等工作,并根据需要协调有关方面提供队伍、物资、技术等支持。

4.3.2 国务院工作组应对

当需要国务院协调处置时,成立国务院工作组。主要开展以下工作:

(1) 传达国务院领导同志指示批示精神,督促地方政府和有关部门贯彻落实;

(2) 了解事件基本情况、造成的损失和影响、应急处置进展及当地需求等;

(3) 赶赴现场指导地方开展应急处置工作;

(4) 根据地方请求,协调有关方面派出应急队伍、调运应急物资和装备、安排专家和技术人员等,为应急处置提供支援和技术支持;

(5) 指导开展事件原因调查工作;

(6) 及时向国务院报告相关情况。

4.3.3 国家城市轨道交通应急指挥部应对

根据事件应对工作需要和国务院决策部署,成立国家城市轨道交通应急指挥部,统一领导、组织和指挥运营突发事件应急处置工作。主要开展以下工作:

(1) 组织有关部门和单位、专家组进行会商,研究分析事态,部署应急处置工作;

(2) 根据需要赴事发现场,或派出前方工作组赴事发现场,协调开展应对工作;

(3) 研究决定地方人民政府和有关部门提出的请求事项,重要事项报国务院决策;

(4) 统一组织信息发布和舆论引导工作;

(5) 对事件处置工作进行总结并报告国务院。

5 后期处置

5.1 善后处置

城市轨道交通所在地城市人民政府要及时组织制订补助、补偿、抚慰、抚恤、安置和环境恢复等善后工作方案并组织实施。组织保险机构及时开展相关理赔工作,尽快消除运营突发事件的影响。

5.2 事件调查

运营突发事件发生后,按照《生产安全事故报告和调查处理条例》等有关规定成立调查组,查明事件原因、性质、人员伤亡、影响范围、经济损失等情况,提出防范、整改措施和处理建议。

5.3 处置评估

运营突发事件响应终止后,履行统一领导职责的人民政府要及时组织对事件处置过程进行评估,总结经验教训,分析查找问题,提出改进措施,形成应急处置评估报告。

6 保障措施

6.1 通信保障

城市轨道交通所在地城市及以上地方人民政府、通信主管部门要建立健全运营突发事件应急通信保障体系,形成可靠的通信保障能力,确保应急期间通信联络和信息传递需要。

6.2 队伍保障

运营单位要建立健全运营突发事件专业应急救援队伍,加强人员设备维护和应急抢修能力培训,定期开展应急演练,提高应急救援能力。公安消防、武警部队等要做好应急力量支援保障。根据需要动员和组织志愿者等社会力量参与运营突发事件防范和处置工作。

6.3 装备物资保障

城市轨道交通所在地城市及以上地方人民政府和有关部门、运营单位要加强应急装备物资储备,鼓励支持社会化储备。城市轨道交通运营主管部门、运营单位要加强对城市轨道交通应急装备物资储备信息的动态管理。

6.4 技术保障

支持运营突发事件应急处置先进技术、装备的研发。建立城市轨道交通应急管理技术平台，实现信息综合集成、分析处理、风险评估的智能化和数字化。

6.5 交通运输保障

交通运输部门要健全道路紧急运输保障体系，保障应急响应所需人员、物资、装备、器材等的运输，保障人员疏散。公安部门要加强应急交通管理，保障应急救援车辆优先通行，做好人员疏散路线的交通疏导。

6.6 资金保障

运营突发事件应急处置所需经费首先由事件责任单位承担。城市轨道交通所在地城市及以上地方人民政府要对运营突发事件处置工作提供资金保障。

7 附则

7.1 术语解释

城市轨道交通是指采用专用轨道导向运行的城市公共客运交通系统，包括地铁系统、轻轨系统、单轨系统、有轨电车、磁浮系统、自动导向轨道交通系统、市域快速轨道系统等。

7.2 事件分级标准

（1）特别重大运营突发事件：造成 30 人以上死亡，或者 100 人以上重伤，或者直接经济损失 1 亿元以上的。

（2）重大运营突发事件：造成 10 人以上 30 人以下死亡，或者 50 人以上 100 人以下重伤，或者直接经济损失 5 000 万元以上 1 亿元以下，或者连续中断行车 24 小时以上的。

（3）较大运营突发事件：造成 3 人以上 10 人以下死亡，或者 10 人以上 50 人以下重伤，或者直接经济损失 1 000 万元以上 5 000 万元以下，或者连续中断行车 6 小时以上 24 小时以下的。

（4）一般运营突发事件：造成 3 人以下死亡，或者 10 人以下重伤，或者直接经济损失 50 万元以上 1 000 万元以下，或者连续中断行车 2 小时以上 6 小时以下的。

上述分级标准有关数量的表述中，"以上"含本数，"以下"不含本数。

7.3 预案管理

预案实施后，交通运输部要会同有关部门组织预案宣传、培训和演练，并根据实际情况，适时组织评估和修订。城市轨道交通所在地城市及以上地方人民政府要结合当地实际制定或修订本级运营突发事件应急预案。

7.4　预案解释

本预案由交通运输部负责解释。

7.5　预案实施时间

本预案自印发之日起实施。

附录三 城市轨道交通运营管理规定

第一章 总 则

第一条 为规范城市轨道交通运营管理，保障运营安全，提高服务质量，促进城市轨道交通行业健康发展，根据国家有关法律、行政法规和国务院有关文件要求，制定本规定。

第二条 地铁、轻轨等城市轨道交通的运营及相关管理活动，适用本规定。

第三条 城市轨道交通运营管理应当遵循以人民为中心、安全可靠、便捷高效、经济舒适的原则。

第四条 交通运输部负责指导全国城市轨道交通运营管理工作。

省、自治区交通运输主管部门负责指导本行政区域内的城市轨道交通运营管理工作。

城市轨道交通所在地城市交通运输主管部门或者城市人民政府指定的城市轨道交通运营主管部门（以下统称城市轨道交通运营主管部门）在本级人民政府的领导下负责组织实施本行政区域内的城市轨道交通运营监督管理工作。

第二章 运营基础要求

第五条 城市轨道交通运营主管部门在城市轨道交通线网规划及建设规划征求意见阶段，应当综合考虑与城市规划的衔接、城市轨道交通客流需求、运营安全保障等因素，对线网布局和规模、换乘枢纽规划、建设时序、资源共享、线网综合应急指挥系统建设、线路功能定位、线路制式、系统规模、交通接驳等提出意见。

城市轨道交通运营主管部门在城市轨道交通工程项目可行性研究报告和初步

设计文件编制审批征求意见阶段，应当对客流预测、系统设计运输能力、行车组织、运营管理、运营服务、运营安全等提出意见。

第六条 城市轨道交通工程项目可行性研究报告和初步设计文件中应当设置运营服务专篇，内容应当至少包括：

（一）车站开通运营的出入口数量、站台面积、通道宽度、换乘条件、站厅容纳能力等设施、设备能力与服务需求和安全要求的符合情况；

（二）车辆、通信、信号、供电、自动售检票等设施设备选型与线网中其他线路设施设备的兼容情况；

（三）安全应急设施规划布局、规模等与运营安全的适应性，与主体工程的同步规划和设计情况；

（四）与城市轨道交通线网运力衔接配套情况；

（五）其他交通方式的配套衔接情况；

（六）无障碍环境建设情况。

第七条 城市轨道交通车辆、通信、信号、供电、机电、自动售检票、站台门等设施设备和综合监控系统应当符合国家规定的运营准入技术条件，并实现系统互联互通、兼容共享，满足网络化运营需要。

第八条 城市轨道交通工程项目原则上应当在可行性研究报告编制前，按照有关规定选择确定运营单位。运营单位应当满足以下条件：

（一）具有企业法人资格，经营范围包括城市轨道交通运营管理；

（二）具有健全的行车管理、客运管理、设施设备管理、人员管理等安全生产管理体系和服务质量保障制度；

（三）具有车辆、通信、信号、供电、机电、轨道、土建结构、运营管理等专业管理人员，以及与运营安全相适应的专业技术人员。

第九条 运营单位应当全程参与城市轨道交通工程项目按照规定开展的不载客试运行，熟悉工程设备和标准，察看系统运行的安全可靠性，发现存在质量问题和安全隐患的，应当督促城市轨道交通建设单位（以下简称建设单位）及时处理。

运营单位应当在运营接管协议中明确相关土建工程、设施设备、系统集成的保修范围、保修期限和保修责任，并督促建设单位将上述内容纳入建设工程质量保修书。

第十条 城市轨道交通工程项目验收合格后，由城市轨道交通运营主管部门组织初期运营前安全评估。通过初期运营前安全评估的，方可依法办理初期运营手续。

初期运营期间，运营单位应当按照设计标准和技术规范，对土建工程、设施设备、系统集成的运行状况和质量进行监控，发现存在问题或者安全隐患的，应当要求相关责任单位按照有关规定或者合同约定及时处理。

第十一条　城市轨道交通线路初期运营期满一年，运营单位应当向城市轨道交通运营主管部门报送初期运营报告，并由城市轨道交通运营主管部门组织正式运营前安全评估。通过安全评估的，方可依法办理正式运营手续。对安全评估中发现的问题，城市轨道交通运营主管部门应当报告城市人民政府，同时通告有关责任单位要求限期整改。

开通初期运营的城市轨道交通线路有甩项工程的，甩项工程完工并验收合格后，应当通过城市轨道交通运营主管部门组织的安全评估，方可投入使用。受客观条件限制难以完成甩项工程的，运营单位应当督促建设单位与设计单位履行设计变更手续。全部甩项工程投入使用或者履行设计变更手续后，城市轨道交通工程项目方可依法办理正式运营手续。

第十二条　运营单位承担运营安全生产主体责任，应当建立安全生产责任制，设置安全生产管理机构，配备专职安全管理人员，保障安全运营所必需的资金投入。

第十三条　运营单位应当配置满足运营需求的从业人员，按相关标准进行安全和技能培训教育，并对城市轨道交通列车驾驶员、行车调度员、行车值班员、信号工、通信工等重点岗位人员进行考核，考核不合格的，不得从事岗位工作。运营单位应当对重点岗位人员进行安全背景审查。

城市轨道交通列车驾驶员应当按照法律法规的规定取得驾驶员职业准入资格。

运营单位应当对列车驾驶员定期开展心理测试，对不符合要求的及时调整工作岗位。

第十四条　运营单位应当按照有关规定，完善风险分级管控和隐患排查治理双重预防制度，建立风险数据库和隐患排查手册，对于可能影响安全运营的风险隐患及时整改，并向城市轨道交通运营主管部门报告。

城市轨道交通运营主管部门应当建立运营重大隐患治理督办制度，督促运营单位采取安全防护措施，尽快消除重大隐患；对非运营单位原因不能及时消除的，应当报告城市人民政府依法处理。

第十五条　运营单位应当建立健全本单位的城市轨道交通运营设施设备定期检查、检测评估、养护维修、更新改造制度和技术管理体系，并报城市轨道交通运营主管部门备案。

运营单位应当对设施设备进行定期检查、检测评估，及时养护维修和更新改造，并保存记录。

第十六条　城市轨道交通运营主管部门和运营单位应当建立城市轨道交通智能管理系统，对所有运营过程、区域和关键设施设备进行监管，具备运行控制、关键设施和关键部位监测、风险管控和隐患排查、应急处置、安全监控等功能，并实现运营单位和各级交通运输主管部门之间的信息共享，提高运营安全管理水平。

运营单位应当建立网络安全管理制度，严格落实网络安全有关规定和等级保护要求，加强列车运行控制等关键系统信息安全保护，提升网络安全水平。

第十七条　城市轨道交通运营主管部门应当对运营单位运营安全管理工作进行监督检查，定期委托第三方机构组织专家开展运营期间安全评估工作。

初期运营前、正式运营前以及运营期间的安全评估工作管理办法由交通运输部另行制定。

第十八条　城市轨道交通运营主管部门和运营单位应当建立城市轨道交通运营信息统计分析制度，并按照有关规定及时报送相关信息。

第三章　运营服务

第十九条　运营单位应当按照有关标准为乘客提供安全、可靠、便捷、高效、经济的服务，保证服务质量。

运营单位应当向社会公布运营服务质量承诺并报城市轨道交通运营主管部门备案，定期报告履行情况。

第二十条　运营单位应当根据城市轨道交通沿线乘客出行规律及网络化运输组织要求，合理编制运行图，并报城市轨道交通运营主管部门备案。

运营单位调整运行图严重影响服务质量的，应当向城市轨道交通运营主管部门说明理由。

第二十一条　运营单位应当通过标识、广播、视频设备、网络等多种方式按照下列要求向乘客提供运营服务和安全应急等信息：

（一）在车站醒目位置公布首末班车时间、城市轨道交通线网示意图、进出站指示、换乘指示和票价信息；

（二）在站厅或者站台提供列车到达、间隔时间、方向提示、周边交通方式换乘、安全提示、无障碍出行等信息；

（三）在车厢提供城市轨道交通线网示意图、列车运行方向、到站、换乘、开关车门提示等信息；

（四）首末班车时间调整、车站出入口封闭、设施设备故障、限流、封站、甩站、暂停运营等非正常运营信息。

第二十二条　城市轨道交通票价制定和调整按照国家有关规定执行。

城市轨道交通运营主管部门应当按照有关标准组织实施交通一卡通在轨道交通的建设与推广应用，推动跨区域、跨交通方式的互联互通。

第二十三条　城市轨道交通运营主管部门应当制定城市轨道交通乘客乘车规范，乘客应当遵守。拒不遵守的，运营单位有权劝阻和制止，制止无效的，报告公安机关依法处理。

第二十四条　城市轨道交通运营主管部门应当通过乘客满意度调查等多种形式，定期对运营单位服务质量进行监督和考评，考评结果向社会公布。

第二十五条　城市轨道交通运营主管部门和运营单位应当分别建立投诉受理制度。接到乘客投诉后，应当及时处理，并将处理结果告知乘客。

第二十六条　乘客应当持有效乘车凭证乘车，不得使用无效、伪造、变造的乘车凭证。运营单位有权查验乘客的乘车凭证。

第二十七条　乘客及其他人员因违法违规行为对城市轨道交通运营造成严重影响的，应当依法追究责任。

第二十八条　鼓励运营单位采用大数据分析、移动互联网等先进技术及有关设施设备，提升服务品质。运营单位应当保证乘客个人信息的采集和使用符合国家网络和信息安全有关规定。

第四章　安全支持保障

第二十九条　城市轨道交通工程项目应当按照规定划定保护区。

开通初期运营前，建设单位应当向运营单位提供保护区平面图，并在具备条件的保护区设置提示或者警示标志。

第三十条　在城市轨道交通保护区内进行下列作业的，作业单位应当按照有关规定制定安全防护方案，经运营单位同意后，依法办理相关手续并对作业影响区域进行动态监测：

（一）新建、改建、扩建或者拆除建（构）筑物；

（二）挖掘、爆破、地基加固、打井、基坑施工、桩基础施工、钻探、灌浆、喷锚、地下顶进作业；

（三）敷设或者搭架管线、吊装等架空作业；

（四）取土、采石、采砂、疏浚河道；

（五）大面积增加或者减少建（构）筑物载荷的活动；

（六）电焊、气焊和使用明火等具有火灾危险作业。

第三十一条　运营单位有权进入作业现场进行巡查，发现危及或者可能危及城市轨道交通运营安全的情形，运营单位有权予以制止，并要求相关责任单位或者个人采取措施消除妨害；逾期未改正的，及时报告有关部门依法处理。

第三十二条　使用高架线路桥下空间不得危害城市轨道交通运营安全，并预留高架线路桥梁设施日常检查、检测和养护维修条件。

地面、高架线路沿线建（构）筑物或者植物不得妨碍行车瞭望，不得侵入城市轨道交通线路的限界。沿线建（构）筑物、植物可能妨碍行车瞭望或者侵入线路限界的，责任单位应当及时采取措施消除影响。责任单位不能消除影响，危及城市轨道交通运营安全、情况紧急的，运营单位可以先行处置，并及时报告有关部门依法处理。

第三十三条　禁止下列危害城市轨道交通运营设施设备安全的行为：

（一）损坏隧道、轨道、路基、高架、车站、通风亭、冷却塔、变电站、管线、护栏护网等设施；

（二）损坏车辆、机电、电缆、自动售检票等设备，干扰通信信号、视频监控设备等系统；

（三）擅自在高架桥梁及附属结构上钻孔打眼，搭设电线或者其他承力绳索，设置附着物；

（四）损坏、移动、遮盖安全标志、监测设施以及安全防护设备。

第三十四条　禁止下列危害或者可能危害城市轨道交通运营安全的行为：

（一）拦截列车；

（二）强行上下车；

（三）擅自进入隧道、轨道或者其他禁入区域；

（四）攀爬或者跨越围栏、护栏、护网、站台门等；

（五）擅自操作有警示标志的按钮和开关装置，在非紧急状态下动用紧急或者安全装置；

（六）在城市轨道交通车站出入口 5 米范围内停放车辆、乱设摊点等，妨碍乘客通行和救援疏散；

（七）在通风口、车站出入口 50 米范围内存放有毒、有害、易燃、易爆、放射性和腐蚀性等物品；

（八）在出入口、通风亭、变电站、冷却塔周边躺卧、留宿、堆放和晾晒物品；

（九）在地面或者高架线路两侧各 100 米范围内升放风筝、气球等低空飘浮物体和无人机等低空飞行器。

第三十五条　在城市轨道交通车站、车厢、隧道、站前广场等范围内设置广告、商业设施的，不得影响正常运营，不得影响导向、提示、警示、运营服务等标识识别、设施设备使用和检修，不得挤占出入口、通道、应急疏散设施空间和防火间距。

城市轨道交通车站站台、站厅层不应设置妨碍安全疏散的非运营设施。

第三十六条　禁止乘客携带有毒、有害、易燃、易爆、放射性、腐蚀性以及其他可能危及人身和财产安全的危险物品进站、乘车。运营单位应当按规定在车站醒目位置公示城市轨道交通禁止、限制携带物品目录。

第三十七条　各级城市轨道交通运营主管部门应当按照职责监督指导运营单位开展反恐防范、安检、治安防范和消防安全管理相关工作。

鼓励推广应用安检新技术、新产品，推动实行安检新模式，提高安检质量和效率。

第三十八条　交通运输部应当建立城市轨道交通重点岗位从业人员不良记录和乘客违法违规行为信息库，并按照规定将有关信用信息及时纳入交通运输和相关统一信用信息共享平台。

第三十九条　鼓励经常乘坐城市轨道交通的乘客担任志愿者，及时报告城市轨道交通运营安全问题和隐患，检举揭发危害城市轨道交通运营安全的违法违规行为。运营单位应当对志愿者开展培训。

第五章 应急处置

第四十条 城市轨道交通所在地城市及以上地方各级人民政府应当建立运营突发事件处置工作机制，明确相关部门和单位的职责分工、工作机制和处置要求，制定完善运营突发事件应急预案。

运营单位应当按照有关法规要求建立运营突发事件应急预案体系，制定综合应急预案、专项应急预案和现场处置方案。运营单位应当组织专家对专项应急预案进行评审。

因地震、洪涝、气象灾害等自然灾害和恐怖袭击、刑事案件等社会安全事件以及其他因素影响或者可能影响城市轨道交通正常运营时，参照运营突发事件应急预案做好监测预警、信息报告、应急响应、后期处置等相关应对工作。

第四十一条 运营单位应当储备必要的应急物资，配备专业应急救援装备，建立应急救援队伍，配齐应急人员，完善应急值守和报告制度，加强应急培训，提高应急救援能力。

第四十二条 城市轨道交通运营主管部门应当按照有关法规要求，在城市人民政府领导下会同有关部门定期组织开展联动应急演练。

运营单位应当定期组织运营突发事件应急演练，其中综合应急预案演练和专项应急预案演练每半年至少组织一次。现场处置方案演练应当纳入日常工作，开展常态化演练。运营单位应当组织社会公众参与应急演练，引导社会公众正确应对突发事件。

第四十三条 运营单位应当在城市轨道交通车站、车辆、地面和高架线路等区域的醒目位置设置安全警示标志，按照规定在车站、车辆配备灭火器、报警装置和必要的救生器材，并确保能够正常使用。

第四十四条 城市轨道交通运营突发事件发生后，运营单位应当按照有关规定及时启动相应应急预案。运营单位应当充分发挥志愿者在突发事件应急处置中的作用，提高乘客自救互救能力。

现场工作人员应当按照各自岗位职责要求开展现场处置，通过广播系统、乘客信息系统和人工指引等方式，引导乘客快速疏散。

第四十五条 运营单位应当加强城市轨道交通客流监测。可能发生大客流时，应当按照预案要求及时增加运力进行疏导；大客流可能影响运营安全时，运营单位可以采取限流、封站、甩站等措施。

因运营突发事件、自然灾害、社会安全事件以及其他原因危及运营安全时，运营单位可以暂停部分区段或者全线网的运营，根据需要及时启动相应应急保障预案，做好客流疏导和现场秩序维护，并报告城市轨道交通运营主管部门。

运营单位采取限流、甩站、封站、暂停运营措施应当及时告知公众，其中封站、暂停运营措施还应当向城市轨道交通运营主管部门报告。

第四十六条 城市轨道交通运营主管部门和运营单位应当建立城市轨道交通运营安全重大故障和事故报送制度。

城市轨道交通运营主管部门和运营单位应当定期组织对重大故障和事故原因进行分析，不断完善城市轨道交通运营安全管理制度以及安全防范和应急处置措施。

第四十七条 城市轨道交通运营主管部门和运营单位应当加强舆论引导，宣传文明出行、安全乘车理念和突发事件应对知识，培养公众安全防范意识，引导理性应对突发事件。

第六章 法律责任

第四十八条 违反本规定第十条、第十一条，城市轨道交通工程项目（含甩项工程）未经安全评估投入运营的，由城市轨道交通运营主管部门责令限期整改，并对运营单位处以2万元以上3万元以下的罚款，同时对其主要负责人处以1万元以下的罚款；有严重安全隐患的，城市轨道交通运营主管部门应当责令暂停运营。

第四十九条 违反本规定，运营单位有下列行为之一的，由城市轨道交通运营主管部门责令限期改正；逾期未改正的，处以5 000元以上3万元以下的罚款，并可对其主要负责人处以1万元以下的罚款：

（一）未全程参与试运行；

（二）未按照相关标准对从业人员进行技能培训教育；

（三）列车驾驶员未按照法律法规的规定取得职业准入资格；

（四）列车驾驶员、行车调度员、行车值班员、信号工、通信工等重点岗位从业人员未经考核上岗；

（五）未按照有关规定完善风险分级管控和隐患排查治理双重预防制度；

（六）未建立风险数据库和隐患排查手册；

（七）未按要求报告运营安全风险隐患整改情况；

（八）未建立设施设备检查、检测评估、养护维修、更新改造制度和技术管理体系；

（九）未对设施设备定期检查、检测评估和及时养护维修、更新改造；

（十）未按照有关规定建立运营突发事件应急预案体系；

（十一）储备的应急物资不满足需要，未配备专业应急救援装备，或者未建立应急救援队伍、配齐应急人员；

（十二）未按时组织运营突发事件应急演练。

第五十条 违反本规定第十八条、第四十六条，运营单位未按照规定上报城市轨道交通运营相关信息或者运营安全重大故障和事故的，由城市轨道交通运营主管部门责令限期改正；逾期未改正的，处以 5 000 元以上 3 万元以下的罚款。

第五十一条 违反本规定，运营单位有下列行为之一，由城市轨道交通运营主管部门责令限期改正；逾期未改正的，处以 1 万元以下的罚款：

（一）未向社会公布运营服务质量承诺或者定期报告履行情况；

（二）运行图未报城市轨道交通运营主管部门备案或者调整运行图严重影响服务质量的，未向城市轨道交通运营主管部门说明理由；

（三）未按规定向乘客提供运营服务和安全应急等信息；

（四）未建立投诉受理制度，或者未及时处理乘客投诉并将处理结果告知乘客；

（五）采取的限流、甩站、封站、暂停运营等措施，未及时告知公众或者封站、暂停运营等措施未向城市轨道交通运营主管部门报告。

第五十二条 违反本规定第三十二条，有下列行为之一，由城市轨道交通运营主管部门责令相关责任人和单位限期改正、消除影响；逾期未改正的，可以对个人处以 5 000 元以下的罚款，对单位处以 3 万元以下的罚款；造成损失的，依法承担赔偿责任；情节严重构成犯罪的，依法追究刑事责任：

（一）高架线路桥下的空间使用可能危害运营安全的；

（二）地面、高架线路沿线建（构）筑物或者植物妨碍行车瞭望、侵入限界的。

第五十三条 违反本规定第三十三条、第三十四条，运营单位有权予以制止，并由城市轨道交通运营主管部门责令改正，可以对个人处以 5 000 元以下的罚款，对单位处以 3 万元以下的罚款；违反治安管理规定的，由公安机关依法处理；构成犯罪的，依法追究刑事责任。

第五十四条 城市轨道交通运营主管部门不履行本规定职责造成严重后果的，或者有其他滥用职权、玩忽职守、徇私舞弊行为的，对负有责任的领导人员和直接责任人员依法给予处分；构成犯罪的，依法追究刑事责任。

第五十五条 地方性法规、地方政府规章对城市轨道交通运营违法行为需要承担的法律责任与本规定有不同规定的，从其规定。

第七章 附　则

第五十六条 本规定自 2018 年 7 月 1 日起施行。

城市轨道交通运营险性事件信息报告与分析管理办法

第一条 为规范城市轨道交通运营险性事件的信息报告与分析工作，提升运营安全管理水平，依据《生产安全事故报告和调查处理条例》《国家城市轨道交通运营突发事件应急预案》《国务院办公厅关于保障城市轨道交通安全运行的意见》《城市轨道交通运营管理规定》等法律、行政法规和相关规定，制定本办法。

第二条 地铁、轻轨等城市轨道交通运营险性事件的信息报告与分析工作适用本办法。

第三条 本办法所称城市轨道交通运营险性事件是指在城市轨道交通运营过程中因隐患排查治理不到位造成风险失控而发生的，对城市轨道交通运营安全和服务造成较大影响的事件（主要险性事件清单见附件）。

城市轨道交通运营险性事件达到国务院规定的事故等级的，按国务院规定的等级和分类标准，分为特别重大事故、重大事故、较大事故和一般事故。

第四条 城市轨道交通所在地城市交通运输主管部门或者城市人民政府指定的城市轨道交通运营主管部门（以下统称城市轨道交通运营主管部门）负责监督管理本行政区域内城市轨道交通运营险性事件的报告与分析工作。

对跨城市运营的城市轨道交通线路，由线路所在城市的城市轨道交通运营主管部门协商确定运营险性事件报告与分析工作的分工和职责。

第五条 发生运营险性事件的，城市轨道交通运营单位（以下简称运营单位）应在1小时内向城市轨道交通运营主管部门报告。城市轨道交通运营主管部门应将信息逐级上报至交通运输部，每级上报时限不超过2小时，重大情况可越级上报。其中构成特别重大和重大运营安全事故的，按照国务院规定报告。

第六条 报告运营险性事件应包括下列内容：

（一）发生单位；

（二）发生的时间、地点、现场情况及简要经过；

（三）已经造成或者可能造成的伤亡人数（包括下落不明的人数）和初步估计的直接经济损失；

（四）已经采取的措施；

（五）对运营造成的影响；

（六）初步原因分析；

（七）下一步措施和需要协调事项；

（八）其他应报告的情况。

对运营险性事件处置的新进展、新情况应及时续报。

第七条 运营单位应组织设备供应商以及相关责任单位对运营险性事件开展技术分析，并在运营险性事件发生之日起30日内形成分析报告。城市轨道交通运营主管部门可共同参与技术分析工作，并视情邀请专家或第三方专业机构共同参加，参与专家和专业机构不得擅自对外发布技术分析有关情况。

相关单位和个人应配合开展运营险性事件技术分析工作，按要求及时提供相关技术文件、数据和资料，并对所提供材料的真实性负责。

第八条 运营险性事件技术分析工作应坚持客观公正的原则，真实还原事发经过，形成运营险性事件技术分析报告，报告应包括以下内容：

（一）发生单位概况；

（二）发生经过和处置情况；

（三）造成的人员受伤和直接经济损失；

（四）事件发生的原因分析；

（五）事件整改与防范措施；

（六）有关图文、视频、音频、数据等资料。

第九条 运营单位应在形成运营险性事件技术分析报告后5个工作日内，报送至城市轨道交通运营主管部门。城市轨道交通运营主管部门应在收到报告后逐级报送至交通运输部，每级报送时限不超过10个工作日。

重大运营安全事故调查报告按规定程序经批复后，省级交通运输主管部门应在10个工作日内报送至交通运输部。较大和一般运营安全事故调查报告批复后，城市轨道交通运营主管部门应逐级报送至交通运输部,每级报送时限不超过10个工作日。

第十条 运营单位应按年度对本单位城市轨道交通运营险性事件的发生情况、发生原因、发展趋势、变化规律,以及既往运营险性事件整改及防范措施实施效果等进行总结评估,形成书面报告并及时报送至城市轨道交通运营主管部门。城市轨道交通运营主管部门汇总分析后,形成本辖区运营险性事件分析报告,于次年1月底前逐级报送至交通运输部。

第十一条 城市轨道交通运营主管部门应督促运营单位吸取运营险性事件经验教训,制定相应整改措施消除隐患并监督落实,不断改进提升运营安全水平。

城市轨道交通运营主管部门应督促运营单位及时对本单位发生的运营险性事件制作安全警示片等多种形式的安全警示材料,开展警示教育活动。安全警示片内容应包括运营险性事件基本情况、主要原因、造成后果、经验教训等。

第十二条 交通运输部根据行业运营安全动态,不定期发布警示案例、情况通报、分析报告,持续记录、动态跟踪行业安全态势,提出行业安全发展策略。

第十三条 交通运输部总结行业出现的共性问题、新问题或可能带来严重后果的问题,组织年度研讨,并邀请行业专家参加,提出改进意见和措施,不断提升行业安全管理水平。

第十四条 本办法自2019年8月1日起施行,有效期5年。

城市轨道交通运营安全风险分级管控和隐患排查治理管理办法

第一章 总　则

第一条　为规范城市轨道交通运营安全风险分级管控和隐患排查治理工作，全面提升安全生产整体预控能力，根据《中华人民共和国安全生产法》《中华人民共和国突发事件应对法》《中共中央　国务院关于推进安全生产领域改革发展的意见》《国务院办公厅关于保障城市轨道交通安全运行的意见》《城市轨道交通运营管理规定》等有关规定，制定本办法。

第二条　地铁、轻轨等城市轨道交通运营安全风险分级管控和隐患排查治理及其监督管理工作适用本办法。

第三条　城市轨道交通运营安全风险分级管控和隐患排查治理工作坚持目标导向、全面覆盖、科学施策、闭环管理的原则。

第四条　城市轨道交通所在地城市交通运输主管部门或者城市人民政府指定的城市轨道交通运营主管部门（以下统称城市轨道交通运营主管部门）对本行政区域内运营单位运营安全风险分级管控和隐患排查治理工作实施监督管理。

对跨城市运营的城市轨道交通线路，由线路所在城市的城市轨道交通运营主管部门按职责协商组织开展运营安全风险分级管控和隐患排查治理的监督管理工作。

城市轨道交通运营单位（以下简称运营单位）承担运营安全风险分级管控和隐患排查治理工作主体责任，逐级分解责任，确保责任落实到部门和岗位。

第五条　运营单位应建立健全运营安全风险分级管控和隐患排查治理工作制度，保证经费投入，将城市轨道交通运营安全风险分级管控和隐患排查治理工作纳入年度安全工作计划并组织实施，确保运营安全风险分级管控和隐患排查治理工作得到有效落实。

第二章 风险分级管控

第六条 本办法所称风险分级管控是对城市轨道交通运营过程中存在的安全生产风险点进行辨识、评估，确定风险等级，采取相应管控措施，实施风险动态管理的活动。

第七条 基于城市轨道交通技术特点和行业经验，运营安全风险按照业务板块分为设施监测养护、设备运行维修、行车组织、客运组织、运行环境等。

（一）设施监测养护类风险：桥梁、隧道、轨道、路基、车站、控制中心和车辆基地等方面的风险；

（二）设备运行维修类风险：车辆、供电、通信、信号、机电等方面的风险；

（三）行车组织类风险：调度指挥、列车运行、行车作业、施工管理等方面的风险；

（四）客运组织类风险：车站作业、客流疏导、乘客行为等方面的风险；

（五）运行环境类风险：生产环境、自然环境、保护区环境、社会环境等方面的风险。

各业务板块主要风险点及风险描述见附件。

第八条 运营单位应根据所辖线路设施设备配置及运行环境、安全管理水平、相关经验借鉴等情况，对本办法附件所列风险点及可能产生的风险作进一步补充及细化。其中，设施监测养护和设备运行维修类应细化到各设施设备维护工作单元，行车组织、客运组织、运行环境类应细化到岗位或人员的关键操作步骤。运营单位应结合运营管理水平和运营险性事件等情况，逐项确定安全风险等级并制定风险管控措施，形成本单位运营安全风险数据库（以下简称风险数据库），内容至少包括业务板块、风险点（工作单元/操作步骤）、风险描述、风险等级、管控措施、责任部门及责任岗位、责任人等。

城市轨道交通运营安全风险等级从高到低划分为重大、较大、一般、较小四个等级，风险等级由风险点发生风险事件可能性和后果严重程度的组合决定。可能性指标、后果严重程度指标的确定及风险等级评估标准参照《公路水路行业安全生产风险辨识评估管控基本规范（试行）》执行。

风险数据库中的风险管控措施应符合设施设备运行维护、行车组织管理、客运组织管理、从业人员管理、保护区管理等有关规定,并及时纳入本单位相关管理制度、作业标准或应急预案。

第九条 运营单位每年对所辖线路开展一次风险全面辨识,持续发现未知安全风险,并及时更新风险数据库。城市轨道交通新线投入初期运营和正式运营时,运营单位应同步组织开展风险全面辨识。初期运营期间,可视情增加辨识频次。

遇到以下情况之一的,还应对特定领域、特定环节、特定对象开展风险专项辨识:

（一）运营环境发生较大变化;

（二）运营单位部门分工进行较大调整;

（三）发生运营险性事件;

（四）新设备、新技术、新工艺投用;

（五）车辆、信号等关键系统更新,以及车站、线路等改造后投入使用;

（六）法律法规、规章制度发生较大变化;

（七）需开展风险专项辨识的其他情况。

第十条 运营单位应按照"分级管控"原则建立健全风险管控工作机制。对于重大风险,应由运营单位负责人牵头组织制定管控措施;对于较大风险,应由专业部门负责人牵头组织制定管控措施;对于一般风险及较小风险,应由班组负责人组织制定管控措施。

运营单位应对重大风险编制监控方案和专项应急措施,并对重大风险影响区域的相关人员组织开展安全防范、应急逃生避险和应急处置等的宣传、培训和演练;重大风险管控失效发生运营险性事件的,应急处置和调查处理后,应及时对相关工作进行评估总结,对管控措施进行完善改进。

第十一条 因人员、设施设备、作业环境、管理等因素变化,台风、洪涝、冰雪等气象灾害和地震、山体滑坡、地质塌陷等地质灾害,或其他因素引起安全风险上升、管控效果降低、安全问题凸显时,运营单位应及时将风险预警和管控要求通知到相关管理和作业人员。

第三章 隐患排查治理

第十二条 本办法所称隐患排查治理是对城市轨道交通运营过程中人的不安全行为、物的不安全状态、环境的不安全因素、管理上的缺陷导致的风险管控措施弱化、失效、缺失等，进行排查、评估、整改、消除的闭环管理活动。

隐患分为重大隐患和一般隐患两个等级。重大隐患是指可能直接导致安全生产事故或列车脱轨、列车冲突、列车撞击、列车挤岔、火灾、桥隧结构坍塌、车站和轨行区淹水倒灌、大面积停电、客流踩踏等运营险性事件发生的隐患，一般具有危害和治理难度大、易造成全线/区段停运或封闭车站、关键设施设备长时间停止运行、需要较长时间治理方能排除、本单位自身难以排除等特点。一般隐患是指除重大隐患外，其他可能影响运营安全的隐患，一般具有危害或治理难度较小，能够快速消除等特点。

第十三条 运营单位应对照风险数据库，逐项分析所列风险管控措施弱化、失效、缺失可能产生的隐患，确定隐患等级，并按照"一岗一册"的原则分解到各岗位，形成各岗位的隐患排查手册，明确排查内容、排查方法、排查周期等内容。

第十四条 隐患排查包括日常排查、专项排查等方式。日常排查是指结合班组、岗位日常工作组织开展的经常性隐患排查，排查范围应覆盖日常生产作业环节，每周应不少于1次。专项排查是运营单位在一定范围、领域组织开展的针对特定隐患的排查，可与运营单位专项检查、安全评估、季节性和关键时期检查等工作结合开展。遇到以下情况之一的，应开展专项排查：

（一）关键设施设备更新改造；

（二）以防汛、防火、防寒等为重点的季节性隐患排查；

（三）重要节假日、重大活动等关键运输节点前；

（四）重点施工作业进行期间；

（五）发生重大故障或运营险性事件；

（六）根据政府或有关管理部门安全部署；

（七）需开展专项排查的其他情况。

第十五条 隐患排查过程中，发现情况较为紧急的，运营单位应立即采取划定隔离区域、员工现场盯控等防范措施，并及时告知相关人员，防范事态扩大；情况特别紧急的，应视情采取人员疏散、停止作业或停用有关设施设备、封锁线路或关闭车站等安全控制措施，确保运营安全。

第十六条 对于排查出的一般隐患，运营单位应立即组织消除，并加强源头治理，避免问题重复发生；无法立即消除的隐患，应分阶段细化整治措施，未整改完毕前应制定可靠的安全控制和防范措施。

一般隐患整改完成后，由运营单位部门负责人或相关专业技术人员复核确认销号。

第十七条 对于排查出的重大隐患，运营单位应立即上报城市轨道交通运营主管部门，由城市轨道交通运营主管部门挂牌督办，督促有关责任单位制定并实施严格的隐患治理方案，做到责任、措施、资金、时限和预案等落实到位。隐患治理方案应自排查出重大隐患之日起15个工作日内报送城市轨道交通运营主管部门。重大隐患未整改完毕前应制定可靠的安全控制和防范措施，整改完成后，由运营单位负责人组织验收销号，形成明确验收结论，并于3个工作日内报送城市轨道交通运营主管部门。

对于治理难度大、影响范围广、危险程度高、涉及部门多、难以协调整治的重大隐患，城市轨道交通运营主管部门应及时报告城市人民政府协调解决。

第十八条 运营单位应建立隐患排查治理工作台账，记录隐患排查治理情况，内容至少包括：隐患内容、排查人员、排查时间、隐患等级、主要治理措施、责任人、治理期限、治理结果、未能立即消除时的临时措施等。

第四章 综合要求

第十九条 城市轨道交通运营主管部门应将运营单位运营安全风险分级管控和隐患排查治理工作情况纳入年度监督检查计划，重点检查以下内容：

（一）运营安全风险分级管控和隐患排查治理工作制度建设情况；

（二）风险数据库、隐患排查手册建立情况；

（三）重大风险管控措施落实情况；

（四）重大隐患治理情况。

第二十条 运营单位应结合隐患排查、事故经验教训等，对风险管控措施的有效性进行跟踪，掌握风险状态和变化趋势，补充新认知风险，补强和完善风险管控措施，并及时更新风险数据库。

新增或更新的风险管控措施应及时修订到本单位的相关管理制度、作业标准或应急预案。其中，重大风险管控措施应在3个月内修订完成。

第二十一条 城市轨道交通运营主管部门和运营单位应依托智能管理系统，实现风险分级管控和隐患排查治理信息共享，提高运营安全管理水平。

第二十二条 运营单位应按年度对风险分级管控和隐患排查治理情况进行分析，总结工作开展情况，研判风险演变趋势和隐患升级苗头等问题。有关分析情况应书面报送城市轨道交通运营主管部门。

第二十三条 城市轨道交通运营主管部门和运营单位应主动畅通渠道，接受其他单位和个人对城市轨道交通运营安全隐患的情况反映。接到反映后，应按照权限要求及时组织核实和治理。

第二十四条 运营单位未按照规定落实风险分级管控和隐患排查治理工作的，按有关规定处理。

第五章 附 则

第二十五条 城市轨道交通运营安全风险分级管控和隐患排查治理工作中涉及其他部门职责，或关于网络安全、消防、特种设备等另有规定的，按有关规定执行。

第二十六条 本办法自 2019 年 11 月 1 日起实施，有效期 5 年。

附录六 城市轨道交通行车组织管理办法

第一章 总 则

第一条 为进一步规范城市轨道交通行车组织工作，更好地保障城市轨道交通安全运行，根据《国务院办公厅关于保障城市轨道交通安全运行的意见》（国办发〔2018〕13号）、《城市轨道交通运营管理规定》（交通运输部令2018年第8号）等有关要求，制定本办法。

第二条 地铁、轻轨等城市轨道交通的行车组织工作适用本办法。

第三条 城市轨道交通行车组织工作应坚持安全导向，贯彻集中指挥、逐级负责的原则。

第二章 行车组织基础

第四条 城市轨道交通运营单位（以下简称运营单位）应统筹内部各专业部门，合理制定行车计划，内容包括列车运行图、车辆运用计划、施工作业计划、乘务计划等。其中，共线、跨线运行线路的行车计划应共同制定。

运营单位应做好土建工程、车辆、供电、通信、信号、机电等设施设备的运行维护工作，确保各设施设备系统兼容协调，能够按照最大设计能力稳定运行，保障行车组织需要，充分满足客流需求。

运营单位应建立行车指标统计分析制度，对行车计划持续改进和优化。

第五条 列车运行图的编制应以满足客流需求为导向，综合考虑线路客流规律及线网衔接等因素，有效发挥线路能力，经济合理地运用车辆和安排施工维修时间，确定线路运营时间及各时段的行车间隔、停站时间、行车交路等。运营单位应将列车运行图作为行车组织工作的基础，组织内部各部门严格根据列车运行图的要求开展运营生产工作，保证按图行车。

列车运行图应保持相对稳定，需要常态化延长运营服务时间或缩小行车间隔的，运营单位应充分论证运用车数量、线路条件等设施设备能力及施工维修时间、人员配备需要等情况，确保满足安全运营条件的方可组织实施。

列车运行图应至少保存 2 年。

第六条 行车指挥层级自上而下分为线网监控级、线路控制级和现场执行级，下级服从上级指挥。线网监控级负责监控线网运行状态、统筹线网运营生产、指挥应急情况下线网列车运行调整，以及对外联络协调。线路控制级负责本线路的运营状态监控、运行调整和应急指挥。现场执行级负责具体执行行车计划及现场应急处置。

第七条 正常情况下列车应按双线、右侧单方向运行。

直线型线路行车方向以自西向东、自南向北为上行，以自东向西、自北向南为下行；环形、半环形线路以外环（逆时针方向）为上行，以内环（顺时针方向）为下行。对角线方向线路应按照东西方向及南北方向线路区段所占比重，以比重较大的区段方向判定上、下行。

第八条 城市轨道交通列车等级由高至低依次为专运列车、载客列车、空驶列车、调试列车和其他列车。开往事故现场的抢险救援列车，在确保乘客安全的前提下，应优先办理行车。

第九条 行车调度命令是指挥列车运行的命令（运行揭示调度命令除外）和口头指示，只能由行车调度人员发布。行车各相关岗位人员必须服从指挥，严格执行行车调度命令。

发令人应通过具备追溯功能的渠道发布行车调度命令，做到一事一令。行车调度命令分为书面命令和口头命令，书面命令包含纸质命令和电子命令。书面命令要素应包含发令日期、时间、命令号码、发令人、命令内容、受令人。口头命令要素应包含命令号码、命令内容、受令人，发令人应使用普通话和行车标准用语。受令人应复诵命令内容，命令记录应至少保存 1 年。

第十条 行车组织方法由高至低包括移动闭塞法、准移动闭塞法、进路闭塞法、电话闭塞法等。行车调度人员应根据信号系统具备的功能层级，由高至低使用相应的行车组织方法。

移动闭塞法及准移动闭塞法的行车凭证均为车载允许信号，列车按照信号系统给定的移动授权信息运行，控制列车安全运行间隔和行驶速度。其中，移动闭塞法和准移动闭塞法分别以前方列车尾部和所占有区段末端为追踪点进行计算授权，控制列车安全运行间隔和行驶速度。进路闭塞法的行车凭证为地面信号机显示的允许信号，列车运行间隔为进路始端信号机至相邻下一架顺向信号机，一条进路内两个相邻信号机间只允许一列车占用（列车救援时除外）。电话闭塞法是当上述更高级别的行车闭塞法不能使用时，由区间两端车站利用站间行车电话以发出电话记录号码的方式办理闭塞的一种方法，启用前应确认所有列车停妥，准确掌握实施电话闭塞区域内所有列车位置且进路准备妥当；电话闭塞法应使用纸质行车凭证，一站一区间或车辆基地至相邻车站只允许一列车占用（列车救援时除外）；启用电话闭塞法时，首列车运行速度不应高于 25 km/h。

第三章 正常行车

第十一条 运营开始前，相关岗位人员等应确认施工核销、线路出清、设备状态、行车计划准备等情况并报行车调度人员。行车调度人员确认具备条件后，原则上应安排空驶列车限速轧道。确认线路安全后，方可开始运营。

第十二条 运营单位应合理安排驾驶员工作时间，单次值乘的驾驶时长不应超过 2 小时，连续值乘间隔不应小于 15 分钟。

运营单位应配备酒精检测等设备，有条件的可配备毒品检测设备，在出勤时通过检测、问询等方式对驾驶员状态进行检查。

列车进站时，驾驶员应确认列车在车站指定位置停稳后方可开启车门及站台门；车门与站台门的关闭时间应相匹配，驾驶员在列车启动前，应通过目视或其他技术手段确认车门及站台门关闭，且两门之间间隙处无夹人夹物。

第十三条 车站行车人员应做好日常行车监控。当切除列车自动防护（ATP）或采用点式 ATP 运行等特殊情况时，车站行车人员应根据调度命令，严密监控列车运行和站台情况，遇紧急情况应及时采取措施。

对未配备车站行车人员的有轨电车线路，应设置必要的通信和视频监控设备，对车站情况进行有效监控。

第十四条 配属于不同线路的载客列车经停同一段运营线路，乘客可同站或同站台实现换乘的运行方式为共线运行。共线段接口站发车时，车站行车人员应确认发车进路与列车计划目的地的一致性。发车进路方向出现异常时，行车调度人员应在确保安全的前提下取消原进路后重新办理正确进路。共线段车站客运人员应根据列车运行方向做好导乘服务,保障安全乘降。

第十五条 配属于不同线路的载客列车,经线间联络线运行至另一条线路继续运营的运行方式为跨线运行,开展跨线运行应确保线路、车辆、信号设备等具备跨线条件。两条线路列车相互跨行时,一般不使用同一条联络线组织双向跨行。联络线接口站发车时,车站行车人员应确认发车进路与列车计划目的地的一致性。发车进路方向出现异常时,行车调度人员应在确保安全的前提下取消原进路后重新办理正确进路。

第十六条 行车调度人员应根据列车运行图组织列车退出服务,运营结束后应做好当日行车记录和相关统计分析工作。

第十七条 车辆基地应确保运用车状态良好,优先保障接发列车作业。车辆基地内调车作业由车辆基地调度人员统一指挥,调车司机凭地面信号或手信号显示开行列车,调车时严禁溜放调车,摘钩前应做好防溜措施,连挂妥当后应确认防溜措施已撤除。铁鞋、止轮器等防溜工器具应制定管理要求妥善保管。

试车线同一时间原则上只允许一列车进行试车作业,作业开始前应对试车线进行限速轧道。试车作业应按地面信号或车载信号显示运行。距离尽头线阻挡信号机 20 m 时运行速度不应高于 5 km/h,距离 10 m 时必须停车。遇雨雪、大雾等恶劣天气时,原则上禁止办理试车作业。

第四章 非正常行车

第十八条 发生突发情况,行车调度人员应及时发布调度命令,在保证行车安全的前提下尽可能维持列车运行。驾驶员、车站行车人员等发现可能危及行车安全或运营秩序的情况时,应及时向行车调度人员报告;遇突发严重危及行车安全的情况,可先行采取紧急安全防护措施,再报告行车调度人员。

第十九条 运营期间正线、辅助线发生设备故障,确需进入行车区域、动用行车设备及进行影响行车施工的,由行车调度人员向各单位发布抢修命令。车站接到抢修命令后,做好抢修的前期准备工作,并提前安排人员负责端门开启与抢修人员进出的登记工作。施工人员经行车调度人员同意后方可进入抢修区间,并根据抢修人员要求封锁抢修区间或通过信号系统设置防护,无法通过信号系统防护时,设置红闪灯进行防护。对于可能侵入接触网(轨)安全防护距离内的作业,行车调度人员应会同电力调度人员确认相关区域接触网(轨)停电后,方可批准进入该区域。人员进入行车区域作业时,应严格遵守安全规定,落实安全防护措施。

第二十条 因设施设备故障、重大施工等原因，部分区段需限速运行的，应由有关方面论证后提出限速运行方案，方案应明确限速区域、限速值、限速时段及起止时间，报行车调度人员，由其发布限速及取消限速命令。同一区域存在多个限速要求时，应取最小限速值。限速运行方案应在取消限速后至少保存 3 个月。

第二十一条 列车需越过防护信号机显示的禁止信号时，行车调度人员应确认该信号机后方线路空闲、道岔位置正确且锁闭后，方可发布越过禁止信号的命令，首列车运行速度不应高于 25 km/h。

第二十二条 列车 ATP 失效时，驾驶员应及时报告行车调度人员。行车调度人员原则上应组织列车在就近车站清客后退出服务，确需继续载客运行至终点站的，应与前方列车至少间隔一个区间并限速运行。

第二十三条 列车停站越过停车标未超过可退行距离需退行时，驾驶员应退行列车，推进退行速度不应超过 5 km/h。

当列车越过停车标超过可退行距离或车站不具备安全停站条件时，行车调度人员应组织列车越站，并及时告知相关车站和驾驶员，车站行车人员应依令做好乘客乘降组织工作。首班车、末班车及乘客无返乘条件的列车不得越站，同方向连续两列载客列车原则上不得在同一车站越站。

第二十四条 列车因故需在区间退行或列车越过停车标超过可退行距离确需退行时，驾驶员应及时报告行车调度人员。行车调度人员应扣停后续列车，在确认列车退行路径空闲且满足安全防护距离、道岔位置正确且锁闭后，方可发布退行命令，必要时应组织车站行车人员做好引导。推进退行速度不应超过 10 km/h，牵引退行速度不应超过 35 km/h。

有轨电车不得推进退行，牵引退行速度不应超过 15 km/h。

第二十五条 在区间一个方向线路封锁、发生自然灾害、事故中断行车，以及设备故障严重影响列车运行秩序而对向设备良好等特殊情况下，为维持线路运行，行车调度人员可在对向线路组织单线双向行车。行车调度人员应在确认线路空闲且进路准备妥当后，方可发布反方向运行命令，并需做好运行列车与对向列车的间隔控制。车站行车人员应依令做好接发列车和乘客乘降组织工作。

第二十六条 正线列车因故障无法动车时，行车调度人员应及时组织其他列车实施连挂救援，原则上救援列车应使用空驶列车。当故障列车位于车站时，应清客后进行连挂作业；当故障列车位于区间时，应在驾驶员广播告知乘客后进行连挂作业，连挂后应尽快到就近车站清客。救援列车接近故障列车时应停车，与故障列车联系确认后进行连挂，连挂时运行速度不应超过 5 km/h；连挂后两列车均为空驶的，推进运行速度不应超过 30 km/h，牵引运行速度不应超过 45 km/h；任一列车载客的，运行速度不应超过 25 km/h。

不得使用工程车救援载客列车。特殊情况下使用工程车救援空驶列车时，连挂后运行速度不应超过 25 km/h。

有轨电车不得载客救援（遇特殊天气或者故障列车停在隧道、桥梁的除外），空驶列车救援连挂后运行速度不应超过 25 km/h。

第二十七条 线路出现道岔故障且通过终端操作、现场检查确认等手段仍无法消除的，行车调度人员应优先变更列车进路组织行车；如不能变更列车进路，行车调度人员或车站行车人员应单操单锁相关道岔；如道岔无法单操单锁，行车调度人员应组织车站行车人员将道岔钩锁到正确位置。上述操作完成，行车调度人员确认具备行车条件后方可组织行车。通过故障区域的首列车运行速度不应高于 25 km/h。

列车发生挤岔时严禁擅自动车，行车调度人员应通知设备维修人员现场确认安全，具备动车条件后方可组织该列车动车。

第二十八条 一个联锁区联锁失效时，在保证行车安全的前提下，行车调度人员可对故障影响区域使用电话闭塞法组织行车；两个及以上联锁区联锁失效时，行车调度人员可视情对故障影响区域使用电话闭塞法组织行车或采取停运等措施。

第二十九条 当接触网（轨）失电时，驾驶员应尽量维持列车进站，并及时报告行车调度人员。行车及电力调度人员应组织设备维护人员及时排查处理，具备条件的应及时切换供电方式，必要时减少列车上线运行对数。列车迫停地下区间超过 4 分钟时，环控调度人员应启动相应环控模式。

第三十条 地下和高架线路因设施设备故障等原因导致列车迫停区间需组织区间疏散时，行车调度人员应扣停可能驶入受影响区域的列车，明确疏散方向，会同电力、环控调度人员组织该区间接触轨停电、启动相应环控模式，通知车站前往迫停地点做好乘客引导，并在邻站端门及疏散区间联络线等通道处安排人员监控。对向线路区间确需行车的，列车运行速度不应超过 25 km/h，并加强瞭望。

线路恢复后，疏散区间上下行首列车运行速度不应超过 25 km/h，确认无人员及物品遗留后恢复正常运行。

第三十一条 发现有明显震感时，行车相关人员可视情况采取加强瞭望、限速、停运、封站等应急处置措施。根据不同地震烈度，应按照以下要求组织行车调整：

（一）地震烈度为 5（含）至 6（不含）度的，驾驶员应加强瞭望、监控，行车调度人员组织全线全面检查行车相关设施设备运行及受影响情况，必要时采取紧急措施。

（二）地震烈度为 6（含）至 7（不含）度的，列车运行速度不应超过 25 km/h。必要时，行车调度人员应扣停开往受影响区段的列车，组织已进入区间的列车退回发车站。

（三）地震烈度为 7（含）度以上或行车关键设施设备损坏的，行车调度人员应组织在站列车清客后退出服务，组织区间列车在确保安全的条件下，运行至就近站清客后退出服务，列车运行速度不应超过 25 km/h。如列车迫停区间，应组织乘客区间疏散。

第三十二条 遇恶劣天气时，行车相关人员可根据情况及时采取加强瞭望、限速、停运、封站等措施，并应按照以下要求组织行车调整：

（一）对于地面及高架线路，风力波及区段风力达 7 级时列车运行速度不应超过 60 km/h，风力达 8 级时列车运行速度不应超过 25 km/h，风力达 9 级及以上时应停运。

（二）遇雾、霾、雨、雪、沙尘等恶劣天气瞭望困难时，地面及高架线路列车应开启前照灯，限速运行，适时鸣笛。当瞭望距离不足 100 m、50 m、30 m 时，列车运行速度分别不应超过 50 km/h、30 km/h、15 km/h；瞭望距离不足 5 m 时，驾驶员应立即停车。驾驶员无法看清信号机显示、道岔位置时，应停车确认，严禁臆测行车。

（三）因降雨、内涝等造成车站进水，严重影响客运服务的，行车调度人员可根据车站申请发布封站命令，组织列车越站。线路积水超过轨面时，列车不得通过。

第三十三条 地下和高架线路车站、区间发生火灾、爆炸、毒气攻击等事件时，行车调度人员或车站行车人员应立即扣停可能驶入事发区域的列车；对已进入区间的列车，行车调度人员应视情组织列车越站或退回发车站。

列车在地下或高架线路发生火灾、爆炸、毒气攻击等事件时，驾驶员应尽量维持列车进站，并立即报告行车调度人员，行车调度人员应通知车站和驾驶员组织乘客疏散；列车不能维持进站或继续运行无法确保安全的，应立即组织区间疏散，驾驶员应向乘客告知疏散方向，组织乘客逃生，并报告行车调度人员，行车调度人员应立即扣停可能驶入受影响区域的列车，会同电力、环控调度人员及时对接触网（轨）停电，启动相应环控模式，通知疏散区间两端车站安排人员引导乘客。

地面线路发生火灾、爆炸、毒气攻击等事件时，应立即停车，及时疏散。

第五章 施工行车

第三十四条 运营单位应合理安排施工作业计划，组织各部门严格按照施工作业计划执行，不得随意变更，严格落实请销点制度，做好施工安全防护。运营期间设施设备发生故障影响运营时，行车调度人员应按照"先通后复"的原则视情安排施工作业。除抢险救援外，运营期间原则上不进行影响行车的施工作业；非运营期间的施工作业需延长作业时间的，原则上不应影响次日运营。

第三十五条 对于设施设备调试、升级、更新改造等重大施工，运营单位应与设备供应商充分论证，组织制定施工方案，行车调度人员应审核施工方案，制定并组织落实行车保障措施。跨线施工、同时包含正线与车辆基地的施工，应做好互控。

调试列车需进行排列进路、列车驾驶等操作时，应由行车调度、驾驶员操作。因调试需要超速运行的，应先进行技术论证并制定安全措施，但不得超过线路允许速度和列车制动限速。

第三十六条 施工列车作业区域与相邻的施工区域应至少保持一站一区间间隔。跟随末班车运行的工程车，与前方运营列车应至少保持一站一区间行车间隔。因施工需要缩短安全间隔距离的，应经充分论证并有配套防护措施。

工程车作业时，应根据装载货物及编组情况合理限速或停止相关区域的牵引供电；工程车装卸货物时，应做好安全防护及防溜措施；随车施工人员配合工程车作业时，人员必须在工程车运行方向后方。

非随车施工人员与工程车确需在同区间作业的，应统一进行现场施工及动车指挥，施工人员应在工程车运行方向后方作业，至少保持 50 m 以上的安全距离，并设置红闪灯等进行安全防护。

第六章 附 则

第三十七条 城市轨道交通运营主管部门应加强对行车组织工作的监督管理。

运营单位应根据本办法制定本单位的行车组织规则，特别应对不同车辆型号、信号系统制式的线路分别制定各线路非正常行车操作细则。

第三十八条 本办法自 2020 年 4 月 1 日起实施，有效期 5 年。

参考文献

［1］ 董锡明. 轨道交通事故分析与预防［M］. 北京：中国铁道出版社，2016.

［2］ 刘志钢，谭复兴. 城市轨道交通安全工程概论［M］. 北京：中国铁道出版社，2010.

［3］ 连义平. 城市轨道交通安全管理［M］. 2版. 成都：西南交通大学出版社，2015.

［4］ 孙纪胜，袁佳. 城市轨道交通事故处理［M］. 成都：西南交通大学出版社，2019.

［5］ 刘利莉. 城市轨道交通突发事件应急处理［M］. 北京：机械工业出版社，2017.

［6］ 中华人民共和国国家质量监督检验检疫总局，中国国家标准化管理委员会. 高处作业分级：GB/T 3608—2008［S］. 北京：中国标准出版社，2009.

［7］ 中华人民共和国住房和城乡建设部. 城市轨道交通地下工程建设风险管理规范：GB 50652—2011［S］. 北京：中国建筑工业出版社，2011.

［8］ 中华人民共和国住房和城乡建设部. 建筑机械使用安全技术规程：JGJ 33—2012［S］. 北京：中国建筑工业出版社，2012.

［9］ 中华人民共和国住房和城乡建设部，中华人民共和国国家质量监督检查检疫总局. 地铁设计规范：GB 50157—2013［S］. 北京：中国建筑工业出版社，2013.

［10］ 中华人民共和国住房和城乡建设部. 地铁隧道防淹门：CJ/T 453—2014［S］. 北京：中国标准出版社，2014.

［11］ 中华人民共和国住房和城乡建设部. 建筑施工易发事故防治安全标准：JGJ/T 429—2018［S］. 北京：中国建筑工业出版社，2018.

[12] 中华人民共和国国家卫生健康委员会. 工作场所有害因素职业接触限值 第1部分：化学有害因素：GBZ 2.1—2019［S］. 中华人民共和国国家卫生健康委员会，2019.

[13] 国家市场监督管理总局，国家标准化管理委员会. 职业健康安全管理体系 要求及使用指南：GB/T 45001—2020［S］. 北京：中国标准出版社，2020.

[14] 中华人民共和国中央人民政府. 建设工程质量管理条例：国务院令第279号［EB/OL］.（2000-01-30）［2022-05-30］. https：//www.gov.cn/gongbao/content/2000/content_60658.htm.

[15] 中华人民共和国中央人民政府. 建设工程安全生产管理条例：国务院令第393号［EB/OL］.（2008-03-28）［2022-06-01］. https：//www.gov.cn/zhengce/zhengceku/2008-03/28/content_4443.htm.

[16] 中华人民共和国住房和城乡建设部. 建设工程预防坍塌事故若干规定：建质〔2003〕82号［EB/OL］.（2003-04-17）［2022-06-01］. https：//www.mohurd.gov.cn/gongkai/zhengce/zhengcefilelib/200308/20030815_157900.html.

[17] 中华人民共和国中央人民政府. 生产安全事故报告和调查处理条例：国务院令第493号［EB/OL］.（2020-12-27）［2022-06-01］. https：//www.gov.cn/zhengce/2020-12/27/content_5573638.htm.

[18] 中华人民共和国住房和城乡建设部. 关于进一步加强地铁建设安全管理工作的紧急通知：建质电〔2008〕118号［EB/OL］.（2008-11-19）［2022-06-01］. https：//www.mohurd.gov.cn/gongkai/zhengce/zhengcefilelib/200811/20081120_180211.html.

[19] 中华人民共和国中央人民政府. 生产安全事故信息报告和处置办法：国家安全生产监督管理总局令第21号［EB/OL］.（2010-02-10）［2022-06-15］. https：//www.gov.cn/gongbao/content/2010/content_1533516.htm.